성왕, 공주에 대통사를 세우다

성왕, 공주에
聖王　　　　熊津

대통사를 세우다
大通寺

조원창 지음

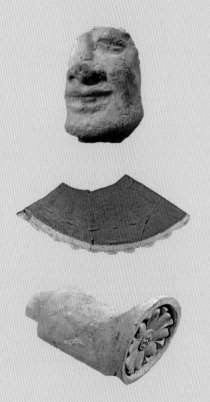

서경문화사

　대통사(大通寺)는 백제 웅진기 공주에 세워진 사찰이다. 성왕(聖王)은 527년 당시 왕경이었던 공주에 대통사를 창건하였다. 그는 무령왕의 아들로 역사상으로는 사비천도를 단행하고 일본에 불교를 전파한 인물로 널리 알려져 있다.

　현재 공주 시내에서 대통사 터가 어디에 위치하는 지는 자세히 알 수 없다. 다만 일제강점기 공주고보(현 공주고등학교) 교사였던 가루베 지온(輕部慈恩)이 공사장에서 출토된 '대통(大通)'명 인각와와 백제 수막새, 초석 등의 존재를 통해 그 위치를 반죽동 당간지주 주변으로 비정한 바 있다. 그러나 이 지역에 대한 시굴조사 결과 유적이 확인되지 않아 대통사지는 위치하지 않는 것으로 파악되었다.

　이후 대통사지는 우리의 기억 속에서 거의 사라졌다. 그러다 2018년 봄, 공주시 반죽동 197-4번지에 대한 발굴조사가 이루어지면서 대통사지에 대한 관심이 공주시민 뿐만 아니라 학계로 하여금 다시 생겨나는 계기가 되었다. 이 발굴을 통해 백제시대의 다양한 기와와 치미, 소조상(흙으로 구워 만든 상) 등이 발견되었다. 특히 기와 지붕의 추녀마루에 사용된 것으로 추정되는 마루수막새와 지두문 암막새, 서까래 및 부연에 사용된 연목와, 부연와 그리고 지붕 용마루의 양쪽 끝에 장식된 치미 등은 백제 한성기 및 웅진기 왕성이었던 풍납

토성이나 공산성에서도 발견된 바 없는 초유의 유물들이었다. 특히 일부 암막새나 암키와의 등면에서 확인되는 붉은칠(주칠)은 처마를 구성하는 '연함'이라는 부재를 단청하는 과정에서 묻어난 것이기에 당시 대통사 전각에 화려한 단청이 이루어졌음을 판단케 하였다.

이처럼 대통사와 관련된 여러 유물들은 당시 백제의 왕경에서 대통사가 왕이 살고 있던 왕궁보다 한층 더 화려하고 장식적이며, 장엄적이었음을 보여주는 단적인 고고자료로 이해할 수 있다. 아울러 소조상 중 나한상으로 추정되는 얼굴과 신체의 각 부위는 백제시대 최초의 것으로 이후 부여 정림사나 부소산사원, 임강서원 등에서 발견되는 소조상의 효시를 이루고 있다.

대통사는 당시 백제 건축물 중에서 가장 화려하고 장엄적이었다. 지붕을 장식하는 마루수막새나 암막새, 연목와, 부연와, 치미 등은 이전의 왕성이었던 풍납토성이나 공산성 등지에서도 수습된 바 없기 때문에 이들 유물은 중국 남조의 와공이 백제로 건너와 제작한 것으로 파악되었다. 이는 성왕이 양나무 황제였던 무제를 위하여 대통사를 창건하였다는 『삼국유사』의 기록과 사찰 이름이 양 무제의 연호인 '대통(大通)'을 취하고 있다는 점에서 상호 회통을 찾아보게 한다. 그리고 이러한 친연성은 수막새의 제작 과정에서 생겨난 수막새 뒷면의 횡선이나 회전성형, 미구기와의 제작과 분할 등을 통해서도 확인할 수 있다. 이들 대통사 기와에서 발견되는 여러 문양과 제작기법은 이후 부여지역의 관북리유적이나 왕흥사에서 찾아질 뿐만 아니라 일본 최초의 사원인 아스카데라(飛鳥寺), 그리고 신라의 황룡사나 월성, 육통리가마 등에서도 살펴지고 있어 백제의 와공들이 일본뿐만 아니라 신라에까지 파견되어 그 기술을 전파하였음을 알 수 있다.

지금까지 대통사와 관련된 여러 유물들은 건물의 기단이나 초석 등의 유구와 함께 출토되지 않고 폐와무지에서 발견되어 보는 이로 하여금 여러 궁금증을 낳게 한다. 이는 한편으로 대통사의 위치와도 밀접한 관련성이 있기에 유물 출토지가 곧 대통사지라는 등식을 성립하기에 충분하였다. 그러나 익산 제석사의 경우 사지에서 멀리 떨어진 산기슭에 기와나 소조상 등을 매립하였음을 볼 때 위의 등식이 꼭 맞는다고도 할 수 없다. 이는 대통사지의 위치 탐색과 관련하여 여러 추정은 가능하지만 사찰 관련 유구가 확인될 때까지 불확실한 단정을 미루라는 가르침으로 생각된다.

이 책은 그 동안 대통사와 관련된 필자의 논고를 정리한 것이다. 지면의 제한으로 대통사의 유물을 충분히 실지 못하는 아쉬움을 이번 기회에 떨치게 되었다. 책자는 전체 4장으로 구성되어 있다. 제1장은 대통사 유물의 출토 과정을 고고학적으로 살펴보았다. 유물이 어떤 층위에서 어떻게 출토되었는지를 발굴조사자의 입장에서 현실감 있게 다루어보았다. 그리고 제2장과 3장에서는 대통사에 사용된 수막새와 암막새 등을 창건와와 보수와로 구분하고, 이의 제작기법을 알아보았다. 이 과정에서 대통사의 창건와와 소조상 등이 당시 남조의 기술로 제작되었음을 파악하였고, 이러한 제작기법은 백제의 와공들에 의해 다시 일본과 신라에 전파되었음도 추적해 보았다. 마지막으로 제4

장에서는 유물을 통해 527년 무렵 대통사 전각의 지붕 형태와 처마 구조, 그리고 단청 및 즙와 상태에 대해 살펴보았다. 이는 향후 대통사를 복원하는 과정에서 필요한 작업일 뿐만 아니라 당장 공산성의 왕궁을 복원함에 있어서도 비교 자료가 될 듯싶다. 건물의 복원이 재현과 엄격한 차이가 있다는 점에서 충분한 유물 관찰과 고고학적인 층위 분석, 그리고 이를 뒷받침할만한 고증 등은 반드시 선행되어야할 책무이다. 그런 점에서 제4장은 지금 당장보다는 향후를 위한 대통사의 기초 작업이라는 생각이 든다.

이 책자를 간행함에 있어 좋은 기회를 주신 이찬희 공주대학교 공주학연구원장님과 김선경 서경문화사 사장님께 지면을 빌어 감사한 마음을 전한다.

대통사지는 과연 어느 곳에 위치하고 있을까? 라는 명제는 필자에게 항상 무거운 짐으로 다가온다. 또 앞으로 6년 뒤인 2027년은 대통사 창건 1500년이 되는 해이다. 짧은 기간이지만 대통사와 관련된 목탑이나 금당, 혹은 회랑이라도 발견되기를 기대해 본다. 역사상의 대통사가 현실로 나타나는 쾌거가 머지않아 일어나기를 마음속에서 빌어보며 글을 마치고자 한다.

2021. 10
조원창

01
대통사지 탐색에 대한
그 동안의 성과와 과제

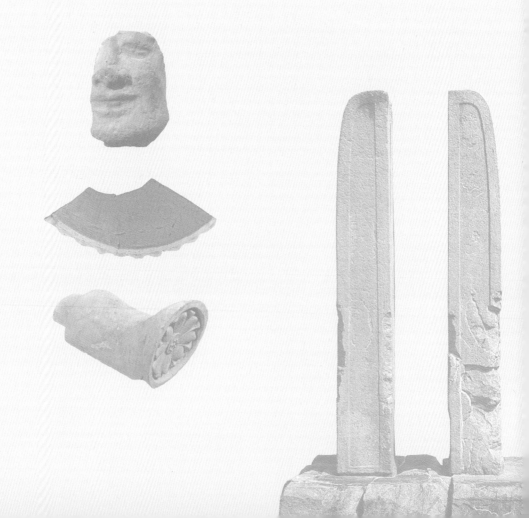

들어가는 말

최근 들어 공주시 반죽동 및 봉황동, 교동 일원에서는 '고도이미지 찾기 사업'의 일환으로 많은 발굴조사가 진행되고 있다. 그 결과 백제시대 사람들이 밟고 다닌 것으로 추정되는 생활면과 그들이 사용하고 버렸던 많은 기와와 토기, 소조상, 벽돌들이 수습되고 있다. 출토된 기와(암키와) 중에는 '대통(大通)'명 인각와(도장기와)를 비롯한 '대통사(大通寺)' 혹은 '대통지사(大通之寺)'명 기와들이 포함되어 있어 이들 유물이 과거 대통사에 사용되었던 기와였음을 파악할 수 있다.

대통사는 흥륜사와 더불어 백제 웅진기 사찰을 대표하고 있다. 『삼국유사』에 따르면 대통사는 527년 무렵 성왕에 의해 공주지역에 창건되었음을 알 수 있다.[1] 하지만 일제강점기 무렵 가루베 지온(輕部慈恩)에 의해 '대통'명 기와가 발견될 때까지 대통사는 철저히 역사상의 백제 사찰로 잠자고 있었다. 당시 공주고보 교사였던 가루베 지온은 공주지역의 무덤과 사지, 산성 등을 조사하고 이를 기록으로 남겨놓았다. 특히 여학교 기숙사 욕실을 만드는 과정에서 발견된 '대통(大通)'명 기와와 백제 수막새, 그리고 초석 등의 존재는 해당 부지를 탑지로 추정하는 결과를 낳기도 하였다.[2] 그리고 나아가 주변지역에 대한 지표조사를 통해 당간지주탑지금당지강당지 등의 가람배치를 설정하였다(도 1).[3] 하지만 1999년 발굴조사 결과 이곳에는 대통사지와 관련된 유구가 존재하지 않는 것으로 확인되었다.[4]

---

1) 『三國遺事』권 제3 興法 제3 原宗興法 厭髑滅身條에 "大通元年丁未 爲梁帝創寺於熊川州 名大通寺"라 기록되어 있다.

2) 輕部慈恩, 1946,『百濟美術』, 宝雲舍, 94~95쪽.

3) 輕部慈恩, 1946,『百濟美術』, 宝雲舍, 95쪽 제10図의 필자 작도.

4) 公州大學校博物館·忠淸南道 公州市, 2000,『大通寺址』.

이후 대통사는 20여 년 동안 부분적인 탐색조사가 진행되었으나 그 흔적은 쉽게 발견되지 않았다. 하지만 간간히 수습되는 백제시대 수막새와 기와, 그리고 현재 남아 있는 대통교는 반죽동 일대가 대통사지일 것이라는 믿음을 쉽게 버리지 못하게 하였다.

그러던 중 2017년 7월 26일 공주대학교박물관에 의해 공주시 반죽동 197-4번지 일원에 대한 입회조사(공사 전 구덩이 조사)가 실시되었다. 그 결과 고려~조선시대의 유물포함층이 확인되었고, 그 하층으로도 백제시대 문화층이 존재할 가능성이 높은 것으로 판단되었다. 이는 정밀 발굴조사로 확대되는 단초가 되었으며, 수많은 대통사 기와와 소조상, 토기, 벽돌 등이 수습되는 계기가 되었다.

1999년 이후 최근에 이르기까지 반죽동을 중심으로 한 봉황동, 교동에서는 크고 작은 다수의 문화재 조사가 진행되었다. 대부분 100평 미만의 조사였지만 앞에서 언급한 '대통(大通, 도 2 · 3)' 및 '대통사(大通寺, 도 4)', 대통지사(大通之寺, 도 5)', '대(大, 도 6)'명 기와들이 수습되어 문화재 및 대통사에 관심 있는 시민들로 하여금 흥미를 한껏 고취시키고 있다. 아울러 공산성 공북루 이남지역에서 수습된 토제 벼루(도 7)의 뒷면에도 '대통사'란 명문이 있어 당시 대통사에 주석하였던 승려들이 사용하였음을 추정할 수 있다.

여기에서는 그 동안 확인된 여러 유적 중 반죽동 197-4번지 유적을 중심으로 층위와 출토 유물을 살펴보고자 한다. 이 유적은 대통사에 대한 관심을 다시금 증폭시킨 최초의 발굴조사라는 점에서 다른 유적에 비해 그 상징성이 남다르다고 할 수 있다. 특히 이곳에서 수습된 수막새와 암막새, 미구기와, 마루수막새, 연목와, 부연와, 치미, 소조상 등은 중국 남조시대의 제와술로 제작된 것으로 백제 웅진기 왕성이었던 공산성에서도 볼 수 없는 중요 유물에 속하고 있다. 그리고 기와 제작 과정에서 발견되는 여러 특징은 신라 월성 및 황룡사, 그리고 일본 최초의 사원인 아스카데라(飛鳥寺)의 기와에서도 발견되어 동아시아 기와 제작의 중심 역할을 담당하기도 하였다.

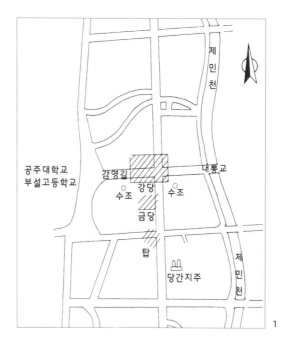

도 1. 가루베지온(輕部慈恩)의대통사지가람배치도
도 2. 공주 반죽동 176번지 유적 출토 '대통(大通)'명 인각와(백제)
도 3. 공주 반죽동 176번지 유적 출토 '대통(大通)'명 인각와(백제)

도 4. 공주 반죽동 176번지 유적 출토 '대통사(大通寺)'명 명문와(고려)
도 5. 공주 반죽동 176번지 유적 출토 '대통지사(大通之寺)'명 명문와(고려)
도 6. 공주 반죽동 197-4번지 유적 출토 '대(大)'명 인각와(백제)
도 7. 공주 공산성 출토 '대통사'명 벼루(백제)

대통사가 조성된 층위를 탐색하다

반죽동 197-4번지 유적에 대한 발굴조사(도 8·9)는 한얼문화유산연구원에 의해 2018년 1월 15일 시작되었다. 30여 평이 되지 않는 좁은 면적임에도 불구하고 53일 간의 발굴조사를 통해 백제~조선시대의 성토층과 폐와무지,[5] 집석유구 등이 확인되었다. 특히 폐와무지에서는 백제~조선시대의 수막새와 '□통(□通)'명 인각와, 그리고 그 동안 공주지역에서 전혀 출토된 바 없는 유단식 암막새와 지두문 암막새, 소조상, 치미 등의 유물이 대거 수습되었다.

반죽동 197-4번지는 금강의 남쪽으로 공주시를 동서로 구분하는 제민천의 서쪽에 위치하고 있다(도 10·11). 유적의 서쪽으로는 봉황산(147m)이 우뚝 솟아 있고, 남동쪽 약 150m 떨어진 지점에는 보물 제150호로 지정된 통일신라시대의 공주 반죽동 당간지주(도 12)가 자리하고 있다.[6] 그리고 동쪽으로 130m 떨어진 곳에도 공주목지도에 표기되어 있는 신축된 대통교(도 13~16)[7]가 놓여 있다.

조사는 먼저 구덩이를 설치하여 층위를 파악하는 것으로 시작하였다. 면적이 협소한 관계로 동쪽 벽면을 중심으로 층위를 파악하였다. 그 결과 백제~조선시대의 생활면(구지표면)으로 추정되는 5개의 문화층(도 17)이 확인되었다.[8] 특히 모래가 쌓인 바로 위의 대지조성토에서는 삼족토기와 무령왕릉에서 출토된 것과 같은 사격문전이 수습되어 백제 웅진기 층위로 추정되었다. 하지만 대통사와 관련된 기단석이나 초석, 적심석 등이 확인되지 않아 확실한 대통사지인지는 파악할 수 없었다.

---

5) 흔히 기와를 버린 구덩이를 말한다.

6) 발굴조사 결과 기단석 아래에서 조선시대의 백자가 수습되었다. 따라서 현재의 당간지주는 본래의 위치가 아닌 후대에 옮겨진 것임을 알 수 있다.

7) 1872년에 작성된 「公州牧地図」에서 다리 이름을 볼 수 있다.

8) 각각의 구지표면이 본 조사지역 외곽으로 계속 확장되고 있고, 폐와무지 역시 주변으로 확대되고 있어 향후 주변 지역에 대한 추가 조사 과정에서 시기를 달리하는 유물이 대지조성토나 폐와무지에서 검출될 가능성 또한 완전 배제할 수 없다.

도 8. 공주 반죽동 197-4번지 유적의 발굴조사 전 모습

도 9. 공주 반죽동 197-4번지 유적의 트렌치(구덩이) 조사 모습. 토층 상황과 유구나 유물의 존재를 파악하기 위한
       작업이다.

성왕, 공주에 대통사를 세우다

도 10. 조사지역 위치도(Daum지도)

11
12

조사지역
(반죽동 1974)

반죽동당간지주
(보물 제150호)

제
민
천

대통교

13

鳳鳳山

도 11. 조사지역의 입지도(Daum지도 편집)

도 12. 공주 반죽동 당간지주(보물 제150호)

도 13. 공주목지도(1872년)에 표기된 대통교의 모습(● 내부)

도 14. 조선시대 대통교에 사용된 교각 받침. 당간지주 옆에 모아놓았다.

도 15. 조선시대 대통교에 사용된 교각 받침 세부

도 16. 신축된 대통교의 모습

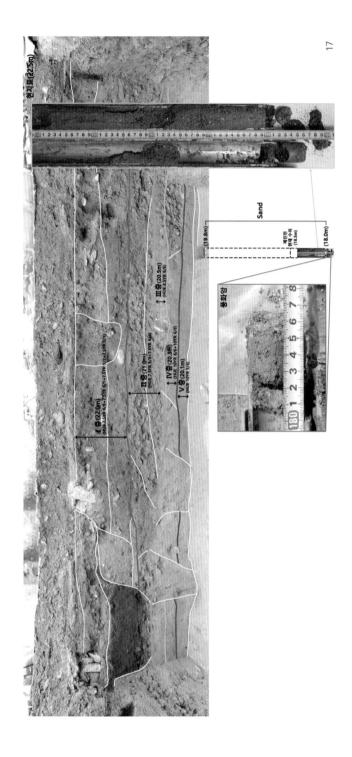

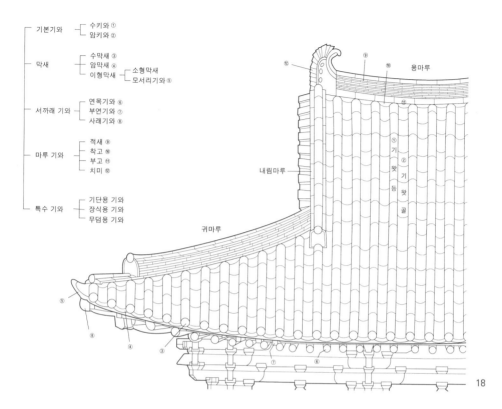

기본기와 ┬ 수키와 ①
       └ 암키와 ②

막새 ┬ 수막새 ③
    ├ 암막새 ④
    └ 이형막새 ┬ 소형막새
             └ 모서리기와 ⑤

서까래 기와 ┬ 연목기와 ⑥
         ├ 부연기와 ⑦
         └ 사래기와 ⑧

마루 기와 ┬ 적새 ⑨
        ├ 착고 ⑩
        ├ 부고 ⑪
        └ 치미 ⑫

특수 기와 ┬ 기단용 기와
        ├ 장식용 기와
        └ 무덤용 기와

⑫ ⑨ ⑩ 용마루
⑪
내림마루
① 기 왓 등
② 기 왓 골
귀마루
⑤
⑥
④
③
⑦
⑧
18

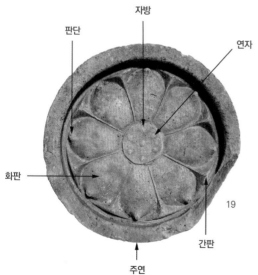

자방
판단
연자
화판
주연
간판
19

도 17. 조사지역의 기준토층(동벽) 모식도
도 18. 지붕에 올린 기와의 다양한 명칭
도 19. 수막새의 세부 명칭(백제)

각각의 층위를 형성하는 토양은 인위적인 성토층으로써 기와나 토기, 벽돌 등이 포함되어 있다. 따라서 개별 층위에 대한 편년 설정은 수습된 유물 중 가장 뒤 시기의 것을 기준으로 삼았다. 하지만 각각의 성토층이 인접 가옥으로 뻗어가고 있고, 향후 이들 층위에서 시기를 달리하는 유물이 출토될 가능성도 충분히 있어 층위에 대한 편년 설정은 부득이하게 '추정'이라는 단어를 붙일 수밖에 없었다.

이번 발굴조사를 통해 가장 많은 수의 유물이 수습된 것은 바로 기와이다. 기와는 평기와와 암·수막새가 대부분을 차지하나 마루수막새 및 연목와, 부연와, 착고, 치미 등의 특수기와도 함께 수습되고 있다(도 18).⁹⁾ 물론 이들 기와가 모두 백제시대의 것은 아니지만 통일신라 이후 고려시대에 이르기까지 대통사에 사용되었던 기와인 것만큼은 부인하기 어려울 듯싶다.

수막새는 판구에 문양이 없는 무문(소문)도 있지만 대부분은 연화문이 장식되어 있다. 이는 다양한 화판과 함께 간판, 자방(중방), 연자, 주연 등으로 이루어져 있다(도 19). 그리고 암막새는 턱의 유무에 따라 무악식과 유악식으로 구분되는데 백제시대의 지두문·유단식 암막새는 모두 무악식(도 20)에 해당된다. 그러나 통일신라시대의 당초문 및 당초화문 암막새의 경우는 유악식(도 21·22)을 하고 있어 시기별 차이를 보여주기도 한다.

한편 발굴조사가 진행된 반죽동 197-4번지 일원은 가루베 지온의 학설에 따르면 대통사의 강당이 입지한 곳이다. 하지만 앞에서 언급한 바와 같이 대통사와 관련된 유구는 전혀 확인되지 않았다. 따라서 해당 부지가 대통사의 사역인지 아니면 이와 인접한 곳인지에 대해서는 확실히 알 수 없다. 이러한 조사의 한계는 앞으로 주변에 대한 전면 발굴조사를 통해 어느 정도 밝혀질 수 있을 것이라 생각된다.

---

9) 한국매장문화재협회·국립김해박물관, 2016, 『기와, 공간을 만들다』, 85쪽 도면 6.

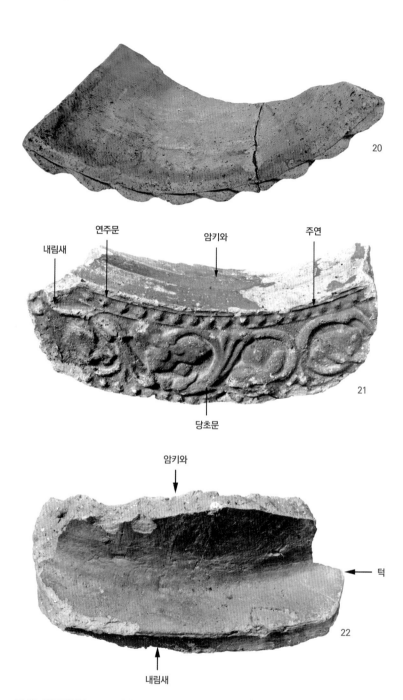

연주문

내림새

암키와

주연

21

당초문

20

암키와

턱

22

내림새

도 20. 공주 반죽동 197-4번지 유적 출토 무악식 지두문 암막새(백제)

도 21. 공주 반죽동 197-4번지 유적 출토 유악식 당초문 암막새(통일신라)

도 22. 도 21의 내면. 내림새와 암키와 사이에 턱이 있다.

흙 속에서 대통사 유물이 발견되다

터파기에 의한 토층 조사 결과 현재의 지표면(해발 22.5m) 아래에서 모두 5개(I ~ V층)의 문화층이 확인되었다. 그리고 5개 층위 이외로 별개의 문화층이 있는 지를 조사하기 위해 조사지역 내에 모두 3개의 시추공을 설치하였다. 그 결과 160~ 200cm 정도로 퇴적된 모래층과 풍화암반층이 검출되었다. 이는 마지막 성토층인 V층 아래로 더 이상의 문화층이 없음을 의미하는 것이기에 조사를 마무리하였다.

개별 층위에 대한 내용과 출토 유물은 아래와 같다.

I층은 조사 전까지 가옥이 입지한 최근 층으로 대부분 교란된 상태로 확인되었다.

II층은 2017년 7월 공주대학교박물관의 입회조사에서 고려~조선시대 기와퇴적층이 확인된 면이다. 현 지표면(해발 22.5m) 아래 1.5m 지점에서 직경 22cm의 기둥 구멍 1기와 수혈유구 2기가 조사되었다(도 23~25). 구멍 내부에는 벽면을 따라 여러 점의 기와편이 돌려져 있었는데, 이는 나무 기둥의 부식을 방지를 위해 시설되었던 것으로 판단된다.

대지조성토에서는 조선시대의 기와류와 백자 외에 백제시대의 수막새, 연목와, 유단식암막새, 지두문 암막새, 채색된 소조상 및 통일신라시대의 수막새, 암막새, 고려시대의 기와, 조선시대 기와·백자 등이 수습되었다(도 26~44). II층은 대지조성토에서 출토된 백자의 양식적 특징으로 보아 조선시대 말기에 성토된 것으로 판단된다.

수혈유구 1호

수혈유구 2호

기둥 구멍

23

24

기와

25

도 23. 공주 반죽동 197-4번지 유적 Ⅱ층에서 확인된 유구
도 24. 공주 반죽동 197-4번지 유적 Ⅱ층 수혈유구 2호 조사 후 모습
도 25. 공주 반죽동 197-4번지 유적 Ⅱ층 기둥 구멍

도 26. 공주 반죽동 197-4번지 유적 II층 대지조성토 출토 판단원형돌기식 연화문 수막새(백제)

도 27. 공주 반죽동 197-4번지 유적 II층 대지조성토 출토 판단융기식 연화문 수막새(백제)

도 28. 공주 반죽동 197-4번지 유적 II층 대지조성토 출토 소문식 수막새(백제)

도 29. 공주 반죽동 197-4번지 유적 II층 대지조성토 출토 연화돌대식 수막새(백제)

도 30. 공주 반죽동 197-4번지 유적 II층 대지조성토 출토 지두문 암막새(백제)

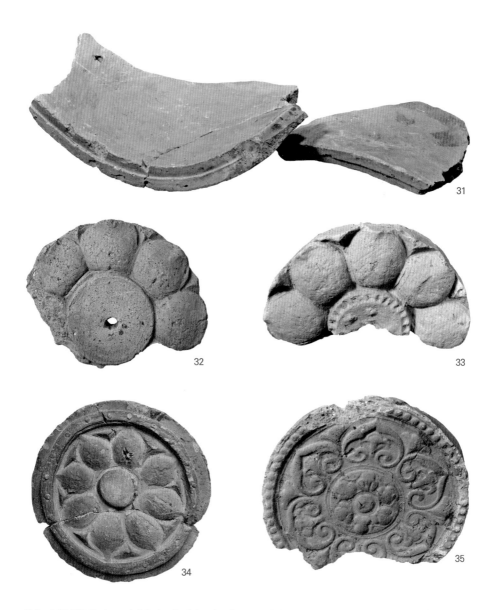

도 31. 공주 반죽동 197-4번지 유적 II층 대지조성토 출토 유단식 암막새(백제)

도 32. 공주 반죽동 197-4번지 유적 II층 대지조성토 출토 판단원형돌기식 연화문 연목와(백제)

도 33. 공주 반죽동 197-4번지 유적 II층 대지조성토 출토 판단돌기식 연화문 연목와(백제)

도 34. 공주 반죽동 197-4번지 유적 II층 대지조성토 출토 판단첨형식 연화문 수막새(통일신라)

도 35. 공주 반죽동 197-4번지 유적 II층 대지조성토 출토 판단첨형식 보상화문 수막새(통일신라)

도 36. 공주 반죽동 197-4번지 유적 II층 대지조성토 출토 세판식 연화문 수막새(통일신라)

도 37. 공주 반죽동 197-4번지 유적 II층 대지조성토 출토 세판식 연화문 수막새(통일신라~고려)

도 38. 공주 반죽동 197-4번지 유적 II층 대지조성토 출토 유악식 용문 암막새(통일신라)

도 39. 공주 반죽동 197-4번지 유적 II층 대지조성토 출토 유악식 당초문 암막새(통일신라)

도 40. 공주 반죽동 197-4번지 유적 II층 대지조성토 출토 유악식 화운문 암막새(통일신라)

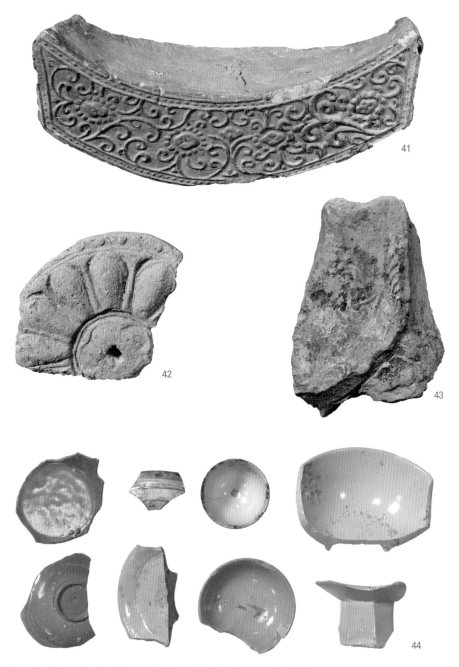

도 41. 공주 반죽동 197-4번지 유적 II층 대지조성토 출토 유약식 당초화문 암막새(고려)
도 42. 공주 반죽동 197-4번지 유적 II층 대지조성토 출토 세판식 연화문 연목와(통일신라~고려)
도 43. 공주 반죽동 197-4번지 유적 II층 대지조성토 출토 채색 소조상(백제)
도 44. 공주 반죽동 197-4번지 유적 II층 대지조성토 출토 고려~조선시대 자기편(왼쪽 상·하단 고려청자)

Ⅲ층은 현 지표면(해발 22.5m) 아래 2m 지점에서 확인되었다(도 45). 성토대지면(도 46·47)에서 정형적인 유구는 검출되지 않았으나 동벽 토층에서 성격 미상의 수혈 3기와 서벽면에서 석축유구(도 48) 1기가 조사되었다. 수혈유구는 일부 중복되어 있고, 석축유구는 가옥 아래로 뻗어가고 있어 유구의 전모는 파악하지 못하였다. 다만 성토층 상면에 수혈이 조성되고, 석축이 인위적으로 축조되었다는 점에서 Ⅲ층의 상면은 생활면(구지표면)으로 파악되었다.

이 층의 대지조성토에서는 백제~조선시대의 기와류(도 49~71)가 출토되었는데, 백제시대의 것이 대부분을 차지하고 있다. 그리고 통일신라~고려시대로 편년할 수 있는 암·수막새 및 집선문·어골문 기와와 조선시대의 청해파문 수키와도 함께 수습되었다. 특히 소조상(나한상 얼굴, 무릎 부위 등)과 '대통(大通)'명으로 보이는 '□통(□通)'명 인각와, 치미편, 추정 벽체편 등이 출토되어 대통사와 밀접한 관련이 있음을 보여주고 있다.

Ⅲ층의 대지조성토 성토 시기는 수습된 청해파문 기와(도 72)로 보아 조선시대 전기 무렵으로 추정된다. Ⅲ층 대지조성토에서는 유구가 확인되지 않았으나, 성토대지가 조사지역 전반에 걸쳐 분포하고 있고, 조사지역 외곽으로도 확대되는 양상을 보여주고 있다. 향후 주변 지역으로 확대조사가 시행된다면 석축유구 및 수혈유구가 검출될 가능성이 적지 않을 것으로 생각된다.

도 45. 공주 반죽동 197-4번지 유적 Ⅲ층 조사 완료 후 전경(위가 남쪽)
도 46. 공주 반죽동 197-4번지 유적 Ⅲ층 대지조성토 출토 유물(기와류, 소조상 등)
도 47. 공주 반죽동 197-4번지 유적 Ⅲ층 대지조성토 출토 판단첨형식 보상화문 수막새
도 48. 공주 반죽동 197-4번지 유적 Ⅲ층 대지조성토 출토 석축유구. 교란된 상태에서 조사지역 서쪽으로 뻗고 있다.

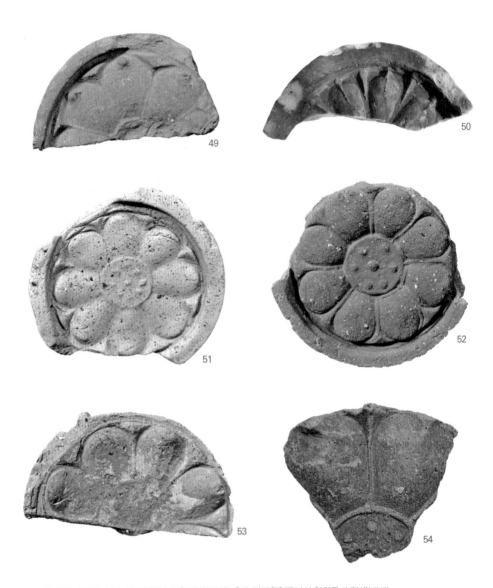

도 49. 공주 반죽동 197-4번지 유적 Ⅲ층 대지조성토 출토 판단원형돌기식 연화문 수막새(백제)

도 50. 공주 반죽동 197-4번지 유적 Ⅲ층 대지조성토 출토 판단첨형식 연화문 수막새(백제)

도 51. 공주 반죽동 197-4번지 유적 Ⅲ층 대지조성토 출토 판단융기식 연화문 수막새(백제)

도 52. 공주 반죽동 197-4번지 유적 Ⅲ층 대지조성토 출토 판단원형식 연화문 수막새(백제)

도 53. 공주 반죽동 197-4번지 유적 Ⅲ층 대지조성토 출토 판단융기식 연화문 수막새(백제)

도 54. 공주 반죽동 197-4번지 유적 Ⅲ층 대지조성토 출토 판단삼각돌기식 연화문 연목와(백제)

도 55. 공주 반죽동 197-4번지 유적 Ⅲ층 대지조성토 출토 판단첨형식 연화문 수막새(통일신라)

도 56. 공주 반죽동 197-4번지 유적 Ⅲ층 대지조성토 출토 세판식 연화문 수막새(통일신라)

도 57. 공주 반죽동 197-4번지 유적 Ⅲ층 대지조성토 출토 연화문 수막새(통일신라)

도 58. 공주 반죽동 197-4번지 유적 Ⅲ층 대지조성토 출토 유악식 당초문 암막새(통일신라)

도 59. 공주 반죽동 197-4번지 유적 Ⅲ층 대지조성토 출토 유악식 당초화문 암막새(고려)

도 60. 공주 반죽동 197-4번지 유적 Ⅲ층 대지조성토 출토 나한상 얼굴(백제). 흙으로 구워 만든 소조상이다.
도 61. 공주 반죽동 197-4번지 유적 Ⅲ층 대지조성토 출토 소조상 무릎(백제)
도 62. 공주 반죽동 197-4번지 유적 Ⅲ층 대지조성토 출토 '□通'명 인각와(백제)
도 63. 공주 반죽동 197-4번지 유적 Ⅲ층 대지조성토 출토 치미편(백제)

도 64. 공주 반죽동 197-4번지 유적 Ⅲ층 대지조성토 출토 미구기와(백제)
도 65. 도 64의 내면
도 66. 공주 반죽동 197-4번지 유적 Ⅲ층 대지조성토 출토 무문전(백제 추정)

도 67. 공주 반죽동 197-4번지 유적 Ⅲ층 대지조성토 출토 암키와(백제)

도 68. 도 67의 내면. 왼쪽 한 점은 원통와통, 나머지 두 점은 통쪽와통으로 제작되었다.

도 69. 공주 반죽동 197-4번지 유적 Ⅲ층 대지조성토 출토 어골문 암키와(고려)

도 70. 공주 반죽동 197-4번지 유적 Ⅲ층 대지조성토 출토 토수기와 등면(통일신라)

도 71. 도 70의 내면. 가운데 토수기와의 경우 와도 방향이 서로 다르다.

도 72. 공주 반죽동 197-4번지 유적 Ⅲ층 대지조성토 출토 청해파문 미구기와(조선)

도 73. 공주 반죽동 197-4번지 유적 IV층 폐와무지 조사 중 전경. 5기의 폐와무지가 확인되었다.
도 74. 공주 반죽동 197-4번지 유적 IV층 폐와무지 조사 후 전경

Ⅳ층은 현 지표면(해발 22.5m) 아래 2.2m 지점에서 확인되었다. 이 층위에서는 모두 5기의 폐와무지가 조사되었다(도 73~74). 폐와무지에서 수습된 기와(수막새, 연목와 포함)는 일부 나말여초기의 평기와가 포함되어 있으나 대부분이 백제시대로 추정되었다. 그리고 대지조성토에서는 백제~통일신라시대의 암・수막새와 연목와, 부연와(도 75~84) 및 백제시대의 소조상(도 85~87, 얼굴, 머리, 팔뚝 부위 등) 등이 수습되었다.

75

76

77

도 75. 공주 반죽동 197-4번지 유적 Ⅳ층 대지조성토 출토 판단원형돌기식 연화문 수막새(백제)
도 76. 공주 반죽동 197-4번지 유적 Ⅳ층 대지조성토 출토 판단원형돌기식 연화문 수막새(백제)
도 77. 공주 반죽동 197-4번지 유적 Ⅳ층 대지조성토 출토 판단융기식 연화문 수막새(백제)

도 78. 공주 반죽동 197-4번지 유적 IV층 대지조성토 출토 유단식 암막새(백제)

도 79. 공주 반죽동 197-4번지 유적 IV층 대지조성토 출토 지두문 암막새(백제)

도 80. 공주 반죽동 197-4번지 유적 IV층 대지조성토 출토 판단삼각돌기식 연화문 연목와(백제)

도 81. 공주 반죽동 197-4번지 유적 IV층 대지조성토 출토 판단돌기식 연화문 연목와(백제)

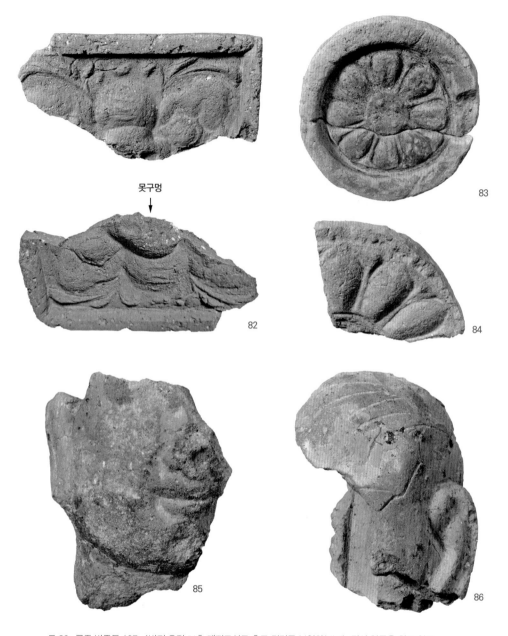

못구멍

도 82. 공주 반죽동 197-4번지 유적 IV층 대지조성토 출토 귀면문 부연와(백제). 귀신 얼굴을 하고 있고,
가운데에 네모난 못 구멍이 있다.

도 83. 공주 반죽동 197-4번지 유적 IV층 대지조성토 출토 자엽식 연화문 수막새(통일신라)

도 84. 공주 반죽동 197-4번지 유적 IV층 대지조성토 출토 세판식 연화문 연목와(통일신라~고려)

도 85. 공주 반죽동 197-4번지 유적 IV층 대지조성토 출토 소조상 얼굴(백제)

도 86. 공주 반죽동 197-4번지 유적 IV층 대지조성토 출토 소조상 머리(백제)

87

    1호 폐와무지(도 88~89)는 평면 부정형으로 북쪽면이 토사 적취장과 접해 있
다. 길이×너비×깊이는 각각 400×336(?)×35cm이다. 여기에서는 백제~통
일신라시대로 추정되는 기와류(도 90~103)가 다수 수습되었다. 이중에는 백제
시대의 '대(大)'자명 인각와(도 6)와 지두문 암막새(도 96~97) 등이 수습되었다. 특
히 지두문 암막새의 경우 등면에서 횡방향의 붉은 칠(주칠)이 확인된다. 이는
암막새가 놓이는 연함의 단청 과정에서 묻어난 것이기에 당시 대통사 전각에
단청이 실시되었음을 파악케 한다. 암막새의 등면에 주칠이 이루어진 경우는
신라 유적인 경주공고 부지 및 경주 사천왕사지, 동궁과 월지, 창림사지, 울산
율리 영축사지 등에서도 확인된 바 있다.

1호

도 88. 공주 반죽동 197-4번지 유적 IV층 1호 폐와무지 조사 전 모습
도 89. 공주 반죽동 197-4번지 유적 IV층 1호 폐와무지 조사 후 모습

90

91

92

93

94

95

도 90. 공주 반죽동 197-4번지 유적 Ⅳ층 1호 폐와무지 출토 판단융기식 연화문 수막새(백제)

도 91. 공주 반죽동 197-4번지 유적 Ⅳ층 1호 폐와무지 출토 판단융기식 연화문 수막새(백제)

도 92. 공주 반죽동 197-4번지 유적 Ⅳ층 1호 폐와무지 출토 판단융기식 연화문 수막새(백제)

도 93. 공주 반죽동 197-4번지 유적 Ⅳ층 1호 폐와무지 출토 판단원형돌기식 연화문 수막새(백제)

도 94. 공주 반죽동 197-4번지 유적 Ⅳ층 1호 폐와무지 출토 판단원형식 연화문 수막새(백제)

도 95. 공주 반죽동 197-4번지 유적 Ⅳ층 1호 폐와무지 출토 판단첨형식 연화문 수막새(백제)

96

97

도 96. 공주 반죽동 197-4번지 유적 IV층 1호 폐와무지 출토 지두문 암막새(백제)

도 97. 도 96의 지두문 세부

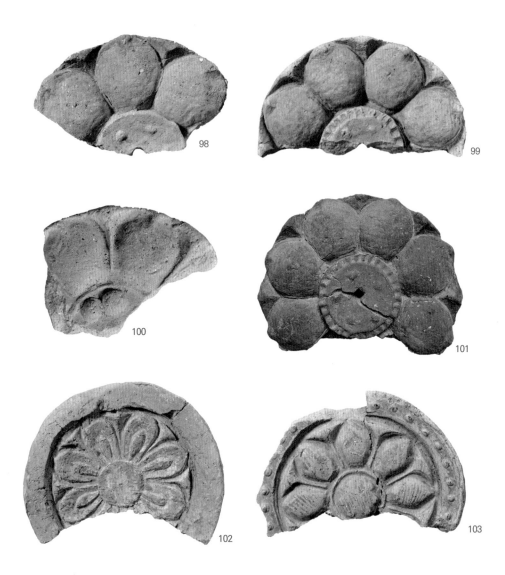

도 98. 공주 반죽동 197-4번지 유적 IV층 1호 폐와무지 출토 판단원형돌기식 연화문 연목와(백제)

도 99. 공주 반죽동 197-4번지 유적 IV층 1호 폐와무지 출토 판단원형돌기식 연화문 연목와(백제)

도 100. 공주 반죽동 197-4번지 유적 IV층 1호 폐와무지 출토 판단돌기식 연화문 연목와(백제)

도 101. 공주 반죽동 197-4번지 유적 IV층 1호 폐와무지 출토 판단돌기식 연화문 연목와(백제)

도 102. 공주 반죽동 197-4번지 유적 IV층 1호 폐와무지 출토 자엽식 연화문 수막새(통일신라)

도 103. 공주 반죽동 197-4번지 유적 IV층 1호 폐와무지 출토 판단첨형식 연화문 수막새(통일신라)

도 104. 공주 반죽동 197-4번지 유적 IV층 2호 폐와무지 조사 전 모습

도 105. 공주 반죽동 197-4번지 유적 IV층 2호 폐와무지 조사 후 모습

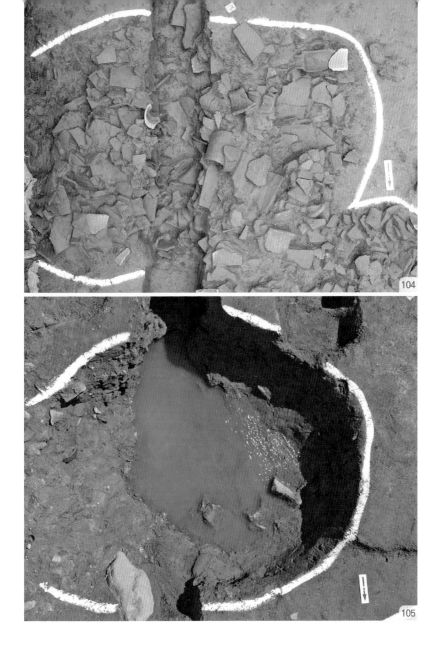

2호 폐와무지(도 104~105)는 평면 타원형으로 동쪽면이 조사 경계면과 접해 있다. 길이×너비×깊이는 각각 212(?)×136×42cm이다. 여기에서는 대통사 창건와로 판단되는 판단원형돌기식 수막새를 비롯해 판단융기식, 소문식 수 막새, 연목와, 전돌 등이 수습되었다(도 106~117). 특히 전돌은 단면이 사다리꼴 형태를 취하고 있어 바닥보다는 무덤의 천정에 사용되었을 것으로 추정된다.

도 106. 공주 반죽동 197-4번지 유적 IV층 2호 폐와무지 출토 판단융기식 연화문 수막새(백제)
도 107. 공주 반죽동 197-4번지 유적 IV층 2호 폐와무지 출토 판단융기식 연화문 수막새(백제)
도 108. 공주 반죽동 197-4번지 유적 IV층 2호 폐와무지 출토 판단융기식 연화문 수막새(백제)
도 109. 공주 반죽동 197-4번지 유적 IV층 2호 폐와무지 출토 판단융기식 연화문 수막새(백제)
도 110. 공주 반죽동 197-4번지 유적 IV층 2호 폐와무지 출토 판단원형돌기식 연화문 수막새(백제)
도 111. 공주 반죽동 197-4번지 유적 IV층 2호 폐와무지 출토 소문식 수막새(백제)

112

113

114

115

도 112. 공주 반죽동 197-4번지 유적 Ⅳ층 2호 폐와무지 출토 판단원형돌기식 연화문 연목와(백제)

도 113. 공주 반죽동 197-4번지 유적 Ⅳ층 2호 폐와무지 출토 무문 사다리꼴 전(백제 추정)

도 114. 공주 반죽동 197-4번지 유적 Ⅳ층 2호 폐와무지 출토 미구기와(백제)

도 115. 도 114의 내면. 미구에 포목흔이 있다.

116

117

도 116. 공주 반죽동 197-4번지 유적 IV층 2호 폐와무지 출토 미구기와(백제)
도 117. 도 116의 내면. 미구에 포목흔이 없다.

3호 폐와무지(도 118~119)는 북쪽면 일부만 조사되었을 뿐 나머지는 조사 경계면
과 접해 있어 원활한 발굴이 진행되지 못하였다. 유구의 길이는 약 260cm(?), 깊이
36cm 정도이다. 여기에서는 백제시대의 판단돌기식 수막새를 비롯한 지두문 암막
새, 성격 미상의 유단식 통기와 등이 수습되었다(도 120~129). 그리고 치미(도 130)와 착
고기와(도 131), 전(도 132) 등도 함께 수습되었다.

특히 판단돌기식 수막새(도 120)에 부착된 미구기와의 경우 미구 내면에서 포목흔
이 확인되지 않는다(도 120-1). 수키와의 와신과 미구는 별도 제작된 후 'ㄑ'형태(도 120-
2)로 접합되었고,[10] 언강의 내면은 직각에 가깝게 성형되었다. 드림새와 수키와의 접
합은 중국 남조에서 유행하였던 수키와가공접합법[11]이 사용되었다.

---

10) 금번 유적의 미구기와에서는 이 외에도 다양한 접합기법을 볼 수 있다.
11) 접합기법 용어는 최영희의 논고를 참조.
　　최영희, 2010, 「新羅 古式수막새의 製作技法과 系統」『韓國上古史學報』 제70호, 109쪽.

도 118. 공주 반죽동 197-4번지 유적 IV층 3호 폐와무지 조사 전 모습
도 119. 공주 반죽동 197-4번지 유적 IV층 3호 폐와무지 조사 후 모습

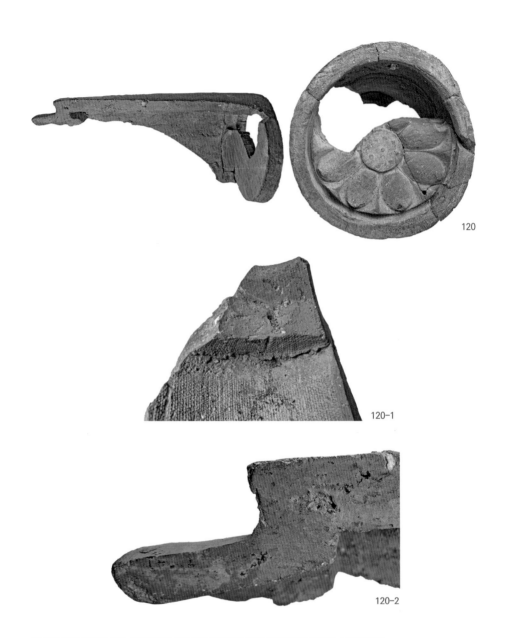

도 120. 공주 반죽동 197-4번지 유적 Ⅳ층 3호 폐와무지 출토 판단돌기식 연화문 수막새(백제)

도 120-1. 미구의 내면에서 포목흔을 볼 수 없다.

도 120-2. 미구기와의 와신과 미구를 별도 제작 후 부착하였다.

도 121. 공주 반죽동 197-4번지 유적 IV층 3호 폐와무지 출토 판단융기식 연화문 수막새(백제)
도 122. 공주 반죽동 197-4번지 유적 IV층 3호 폐와무지 출토 판단융기식 연화문 수막새(백제)
도 123. 공주 반죽동 197-4번지 유적 IV층 3호 폐와무지 출토 판단융기식 연화문 수막새(백제)
도 124. 공주 반죽동 197-4번지 유적 IV층 3호 폐와무지 출토 판단원형돌기식 연화문 수막새(백제)
도 125. 공주 반죽동 197-4번지 유적 IV층 3호 폐와무지 출토 판단원형돌기식 연화문 수막새(백제)

도 126. 공주 반죽동 197-4번지 유적 Ⅳ층 3호 폐와무지 출토 지두문 암막새(백제)
도 127. 도 126의 지두문

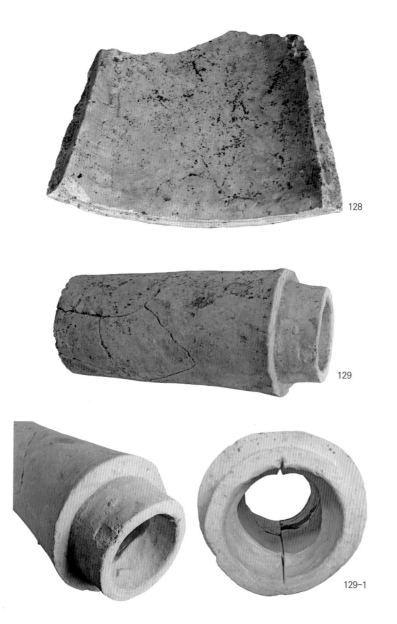

128

129

129-1

도 128. 공주 반죽동 197-4번지 유적 Ⅳ층 3호 폐와무지 출토 유단식 암막새(백제). 단의 길이는 0.3cm 내외로 신라의
　　　　유단식 암막새에 비해 짧은 편이다.
도 129. 공주 반죽동 197-4번지 유적 Ⅳ층 3호 폐와무지 출토 원통형 와제품(백제)
도 129-1. 도 129의 미구 세부(왼쪽) 및 내부

도 130. 공주 반죽동 197-4번지 유적 Ⅳ층 3호 폐와무지 출토 치미편(백제)
도 131. 공주 반죽동 197-4번지 유적 Ⅳ층 3호 폐와무지 출토 착고기와(백제 추정)
도 132. 공주 반죽동 197-4번지 유적 Ⅳ층 3호 폐와무지 출토 무문전(시대 미상)

도 133. 공주 반죽동 197-4번지 유적 IV층 3호 폐와무지 출토 마루수막새(백제)

도 133-1. 도 133의 미구 내면(왼쪽)과 판단융기식 연화문 드림새

한편, 3호 폐와무지에서는 지붕의 내림마루나 추녀마루에 얹었던 마루수막
새(도 133~133-1)가 거의 완형으로 출토되었다. 화판은 판단융기식으로 자방이
작고, 연자 배치는 1+7과이다.[12] 자방 외곽의 원권대는 없고, 드림새와 수키
와는 완만한 경사도로 성형되었다.[13] 이는 통일신라시대 귀면의 동단식와(마
루 끝 장식기와) 위에 올린 곡면의 마루수막새와는 형태상 큰 차이를 보이는 것이
다. 미구 내면의 포목흔으로 보아 수키와의 와신(瓦身)과 미구는 동시에 제작
되었음을 알 수 있다. 언강과 미구는 직각에 가깝게 결합되었다.

4호 폐와무지(도 134~135)는 남쪽이 조사 경계면과 접해 있으며, 길이×너비
×깊이가 166(?)×164×28cm이다. 이 유구에서는 판단융기식 및 판단원형돌
기식, 판단원형식의 백제 수막새와 토기 동체부편, 평기와 등이 수습되었다(도
136~139).

---

12) 이러한 판단융기식 수막새는 그 동안 공주 공산성에서 수습된 판단융기식 수막새와
화판, 연자 배치 등에서 확연한 차이를 보인다.
13) 이와 같은 형태는 평양 출토 고구려 마루수막새에서도 볼 수 있다(井內古文化硏究
室, 1976, 『朝鮮瓦塼図譜 II 高句麗』, PL. 56232).

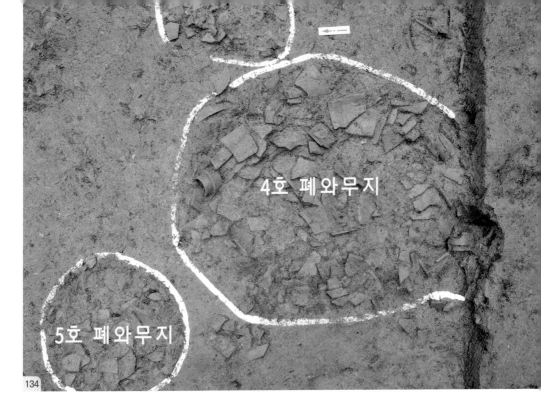

도 134. 공주 반죽동 197-4번지 유적 Ⅳ층 4호 폐와무지 조사 전 모습
도 135. 공주 반죽동 197-4번지 유적 Ⅳ층 4호 폐와무지 조사 후 모습

도 136. 공주 반죽동 197-4번지 유적 Ⅳ층 4호 폐와무지 출토 판단융기식 연화문 수막새(백제)

도 137. 공주 반죽동 197-4번지 유적 Ⅳ층 4호 폐와무지 출토 판단원형돌기식 연화문 수막새(백제)

도 138. 공주 반죽동 197-4번지 유적 Ⅳ층 4호 폐와무지 출토 판단원형돌기식 연화문 수막새(백제)

도 139. 공주 반죽동 197-4번지 유적 Ⅳ층 4호 폐와무지 출토 판단원형식 연화문 수막새(백제)

도 140. 공주 반죽동 197-4번지 유적 Ⅳ층 대지조성토 출토 어골문 토수기와(나말여초). 기와를 자른 방향이 좌우가
서로 다르다.

IV층의 대지조성토에서는 어골문과 집선문, 세선문 등이 타날된 기와가 수습되었다. 어골문 기와(도 140)의 경우 장판으로 타날되었으며, 와도흔은 한쪽 면이 내→외, 다른 면은 외→내로 서로 달리 나타났다. 출토유물로 보아 IV층의 대지조성토는 나말여초기 이후에 성토된 것으로 추정되었다.

다만, IV층 역시 III층과 마찬가지로 대지조성토 및 2~4호 폐와무지가 조사지역 외곽으로 확장되는 양상을 보여주고 있다. 따라서 향후 주변지역의 확장 발굴조사에 따라 시기를 달리하는 유물이 검출될 가능성도 배제할 수 없다.

V층은 현 지표면(해발 22.5m) 아래 2.4m 지점에서 확인되었다(도 141). 이 층에서는 길이 246cm, 너비 104cm, 깊이 50cm의 폐와무지 1기(도 142~143)와 지름 70cm, 깊이 18cm의 원형 집석유구(도 144~145)가 조사되었다. 집석유구는 폐와무지를 파괴하고 조성되었기 때문에 시기적으로 후축(後築)되었음을 알 수 있다. 유구가 조성된 생활면(구지표면)에서는 백제시대로 편년할 수 있는 판단융기식 및 판단원형돌기식 수막새, 암키와, 토기편 등이 소량 수습되었다(도 146~150).

도 141. 공주 반죽동 197-4번지 유적 Ⅴ층 1호 폐와무지와 집석유구(백제)
도 142. 공주 반죽동 197-4번지 유적 Ⅴ층 1호 폐와무지와 집석유구 조사 전 모습(백제)

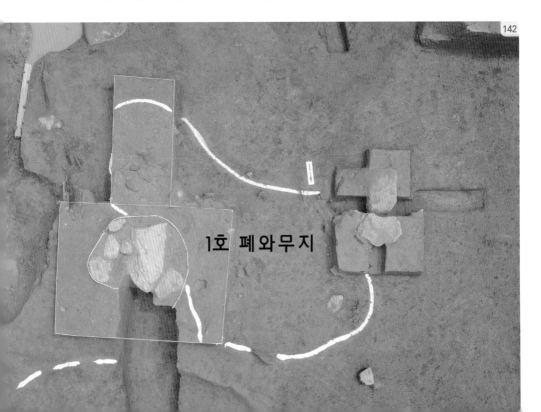

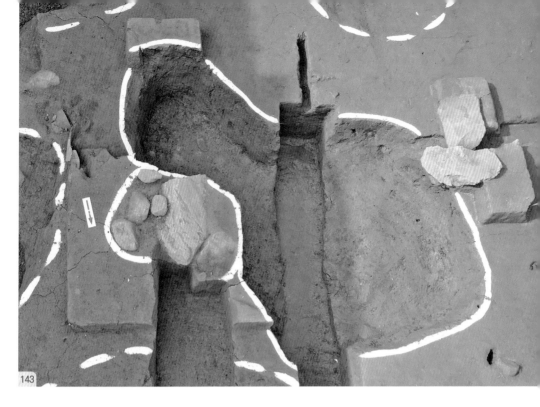

도 143. 공주 반죽동 197-4번지 유적 Ⅴ층 1호 폐와무지 조사 후 모습(백제)
도 144. 공주 반죽동 197-4번지 유적 Ⅴ층 집석유구 세부 모습(백제)

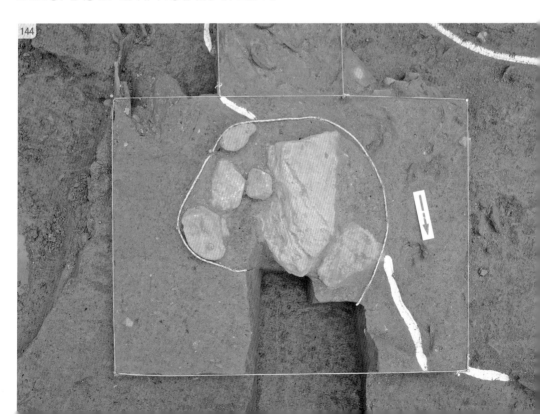

도 145. 공주 반죽동 197-4번지 유적 Ⅴ층 집석유구 조사 후 모습(백제)

도 146. 공주 반죽동 197-4번지 유적 Ⅴ층 구지표면(생활면) 출토 판단첨기식 연화문 수막새(백제)

도 147. 공주 반죽동 197-4번지 유적 Ⅴ층 구지표면(생활면) 출토 판단융기식 연화문 수막새(백제)

148

149

150

도 148. 공주 반죽동 197-4번지 유적 V층 구지표면(생활면) 출토 판단원형돌기식 연화문 수막새(백제)

도 149. 공주 반죽동 197-4번지 유적 V층 구지표면(생활면) 출토 암키와(백제). 통쪽와통으로 제작되었다.

도 150. 공주 반죽동 197-4번지 유적 V층 구지표면(생활면) 출토 토기편(백제). 종지를 비롯한 토기 구연부, 동체부 및
저부, 삼족토기 등이다.

151   152

도 151. 공주 반죽동 197-4번지 유적 V층 1호 폐와무지 출토 판단융기식 연화문 수막새(백제)
도 152. 공주 반죽동 197-4번지 유적 V층 1호 폐와무지 출토 판단원형돌기식 연화문 수막새(백제)

1호 폐와무지에서는 판단융기식 및 판단원형돌기식, 판단원형식, 소문 등의 백제시대 수막새(도 151~154)와 '대통(大通)'14)으로 보이는 인각와(도 155), 기타 귀접이 미구기와(도 156) 등이 출토되었다. 수키와의 경우 유단식으로 미구 내면에 포목이 있는 것과 없는 것 두 가지로 구분할 수 있고, 암키와의 경우는 대부분 통쪽와통(도 157)으로 제작되었으나 일부 원통와통(도 158)으로 만들어진 것도 볼 수 있다.

---

14) 이에 대해 조경철은 대통불로 이해하고 있다. 그리고 사찰 이름은 이를 조성 전에 목적에 따라 미리 정해놓는다고 보았다. 그런 점에서 대통사의 창건 연대를 527년이 아닌 525년으로 보았다(조경철, 2018, 「공주 대통사와 동아시아 불교」『百濟文化』제58집, 20~21쪽). 그런데 조선시대의 이야기지만 수원 용주사의 경우 정조가 낙성식을 위한 전 날 밤에 꿈속에서 용이 여의주를 물고 하늘로 오르는 것을 보고 '용주사'라는 이름을 지었다고 한다. 이는 사찰의 이름이 창건주에 의해 공사 시기와 관계없이 결정된다는 것을 알 수 있다. 이런 점에서 필자는 박현숙의 논고를 취신하고자 한다(박현숙, 2012, 「百濟 熊津時期의 정국과 大通寺 창건」『공주 대통사지와 백제』, 아연출판부).

도 153. 공주 반죽동 197-4번지 유적 Ⅴ층 1호 폐와무지 출토 판단원형식 연화문 수막새(백제). 수키와의 외면에
　　　 선조문이 타날되어 있다.
도 154. 공주 반죽동 197-4번지 유적 Ⅴ층 1호 폐와무지 출토 소문식 수막새(백제)
도 155. 공주 반죽동 197-4번지 유적 Ⅴ층 1호 폐와무지 출토 '大□'명 인각와(백제)

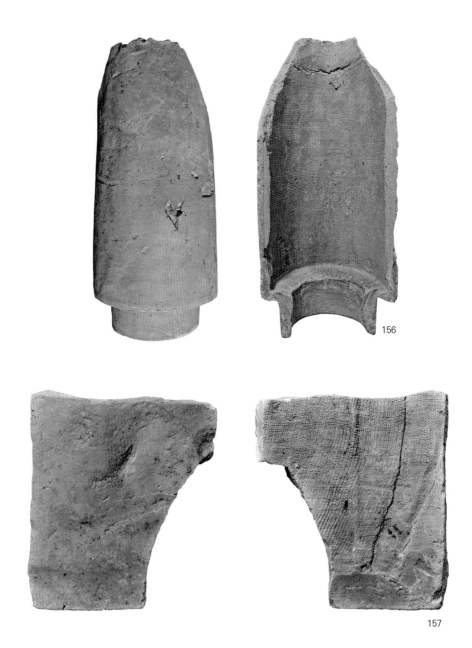

156

157

도 156. 공주 반죽동 197-4번지 유적 V층 1호 폐와무지 출토 귀접이 미구기와(백제). 미구 내면에 포목흔이 없다.

도 157. 공주 반죽동 197-4번지 유적 V층 1호 폐와무지 출토 암키와(백제). 통쪽와통으로 제작되었다

158

도 158. 공주 반죽동 197-4번지 유적 V층 1호 폐와무지 출토 암키와(백제). 원통와통으로 제작되었다.

V층의 대지조성토에서는 다른 층과 달리 무문전(도 159)과 사격문전(도 160), 삼족토기 등이 아주 소량 수습되었다. 이들 유물은 대지조성토의 제거 및 모래층 확인을 위한 구덩이 조사에서 확인되었다. 무문전은 잔존 길이 10.5cm, 너비 15.5cm, 광단 두께 4.4cm, 협단 두께 3.2cm이고, 사격문전은 잔존 길이 13.5cm, 너비 16cm, 광단 두께 3.5cm, 협단 두께 2.7cm이다. 두 점 모두 양 단의 두께가 서로 달라 건축물의 바닥용 전이나 벽전(壁塼)보다는 무덤에 사용되었을 것으로 추정된다. 사격문전은 세부 문양에서 차이가 있지만 공주 무령왕릉(도 161) 및 정지산유적[15]에서도 확인된 바 있다. 삼족토기(도 162)는 정지산유적 출토품(도 163)[16]과 기형상 친연성이 있음을 살필 수 있다.

---

15) 국립공주박물관, 1999, 『艇止山』, 69쪽 도면 30-③.

16) 국립공주박물관, 1999, 『艇止山』, 59쪽 도면 26-⑧.

159

160

161

도 159. 공주 반죽동 197-4번지 유적 V층 대지조성토 출토 무문전(백제)

도 160. 공주 반죽동 197-4번지 유적 V층 대지조성토 출토 사격자문전(백제)

도 161. 공주 무령왕릉 출토 연화사격자문전(백제)

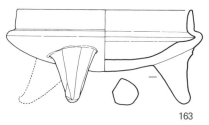

도 162. 공주 반죽동 197-4번지 유적 V층 대지조성토 출토 삼족토기(백제)
도 163. 공주 정지산유적 출토 삼족토기(백제)

V층 대지조성토는 해발 19.8~20.1m 사이에 성토가 이루어졌다. 이 층의 아래로 추가적인 문화층이 잔존하는지를 확인하기 위해 Boring작업을 실시한 결과, 해발 18.0~19.8m까지 모래층(도 164~165)이 두텁게 쌓여 있는 것으로 파악되었다. 또한 18.0m 부근부터는 암반이 확인되고 있어 더 이상의 대지조성토는 존재하지 않는 것으로 판단되었다.

표 1. 층위별 조사 현황표

층위	해발고도(m)	유구(기수)	출토 유물	대지 조성시기	비고
I층	21.0~22.5	–	–	–	교란층
II층	20.5~21.0	수혈유구(2) 주혈(1)	백제~조선 기와류, 소조상, 전, 고려~조선 자기류	조선시대 말기	
III층	20.3~20.5	–	백제~조선 기와류('□通'명 인각와 등), 소조상, 치미	조선 전기 이후 (추정)	
IV층	20.1~20.3	폐와무지(5)	백제~나말여초 기와류, 소조상, 마루수막새	나말여초기 이후(추정)	
V층	19.8~20.1	집석유구(1) 폐와무지(1)	백제 기와류('大□'명 인각와 등)	백제 웅진기 (추정)	
		구지표면	백제 기와류, 토기류		
		대지조성토	백제 무문전, 사격문전, 삼족토기		
모래층	18.0~19.8	–	–	–	
암반	18.0 이하	–	–	–	

도 **164.** 공주 반죽동 197-4번지 유적 V층 대지조성토 아래의 모래층 1. 모래층의 두께는 180cm 정도로 확인되었다.

도 **165.** 공주 반죽동 197-4번지 유적 V층 대지조성토 아래의 모래층 2. 모래층 위로 얇게 뻘층이 형성되어 있다.

대통사 기와의 역사적 의미를 되새기다

발굴조사 과정에서 대통사와 관련된 금당지나 탑지, 강당지, 중문지 등의 가람배치나 기단석, 초석, 적심석 등의 유구 흔적은 확인되지 않았지만 백제 웅진기로 추정할 수 있는 생활면(구지표면)을 일부나마 살필 수 있었다는 점에서 큰 의의를 둘 수 있다. 이는 V층 대지조성토에서 검출된 삼족토기와 사격문전, 그리고 V층 1호 폐와무지에서 수습된 판단원형돌기식 및 판단융기식 수막새, '대통(大通)'명 인각와[17] 등을 통해 파악해 볼 수 있다. 특히 폐와무지에서 수습된 '대통(大通)'명 인각와와 창건와로 추정되는 판단원형돌기식 및 판단융기식 수막새의 폐기는 해당 지면이 대통사의 입지와 밀접하게 관련되어 있음을 암시해 준다. 또한 V층 아래로 더 이상의 성토층이 없다는 사실에서도 이 같은 추정을 가능케 한다.

그 동안 공주지역의 경우 백제 웅진기 왕경이었음에도 불구하고 이의 구조를 전혀 파악할 수 없었다. 이는 왕경의 기본 구조인 도로나 건물지 등의 유구가 당시 생활면(구지표면)에서 거의 확인되지 않았음을 의미한다. 이러한 난제는 결국 시·발굴조사 방법의 전환을 필요케 하고 있다. 즉, 시굴이나 표본·입회조사 과정에서 자연 퇴적이 아닌 인위적인 성토면이 노출된다면 비록 기단석이나 초석, 혹은 적심시설 등과 같은 유구 흔적이 검출되지 않더라도 일정 면적의 발굴조사를 실시할 필요가 있다.[18] 이런 과정을 반복하여 진행하다보면 향후 도로나 건물지 나아가 대통사 및 왕경의 형적도 찾아낼 수 있을 것이라 생각된다.

대통사는 출토된 기와로 보아 화려한 지붕 경관을 이루었던 것으로 생각된다. 즉, 용마루 좌우에는 치미가 설치되었고, 내림마루나 추녀마루에는 마루수막새가 얹

---

17) '대통(大通)'명 인각와(도 166)는 일제강점기 가루베 지온(輕部慈恩)이 반죽동지역에서 처음으로 수습하였다. 이후 부여지역(도 167)의 발굴조사에서 두 점이 더 확인되었고, 최근 공주시 반죽동 176번지에서 여러 점의 '대통'명 인각와가 수습되었다.

18) 물론 이는 발굴조사 시행자의 동의가 필요한 사항이다.

도 166. 일제강점기 가루베 지온(輕部慈恩)이 반죽동에서 수습한 '대통'명 인각와(백제)

도 167. 1988년 부여 부소산성에서 수습된 '대통'명 인각와(백제)

도 168. 부여 가탑리사지 출토 귀면문 부연와(백제)

도 169. 부여 금성산 와적기단 건물지 출토 귀면문 부연와(백제)

어졌던 것으로 생각된다. 그리고 지붕의 끝단에는 수막새와 지두문 및 유단식 암막새가 올려지고, 겹처마의 서까래와 부연의 끝단에는 원형 및 방형의 연목와와 부연와[19]가 시설되었을 것으로 판단된다.

물론 모든 건물지에 이러한 기와가 다 시설되지는 않았을 것이다. 그러나 목탑과 금당 등 적어도 사찰의 주요 건물에 해당되는 곳에는 이와 같은 기와들이 사용되었을 것으로 판단된다. 이러한 발굴 유물들은 향후 백제 건축물을 복원할 경우 적극적으로 활용하는 것이 바람직하다. 특히 부연과 같은 목 부재의 경우 현재와 같이 단면 사다리꼴이나 장방형이 아닌 정방향으로 치목하는 것이 역사왜곡을 줄이는 한 방편이 될 것이다.

그리고 폐와무지 및 성토층에서 수습된 지두문·유단식 암막새, 그리고 암키와 등을 통해 당시 대통사에는 화려한 단청이 이루어졌음도 확인할 수 있다. 이는 암막새를 받치는 '연함(連含)'[20](도 170)이라는 나무 부재를 단청하는 과정에서 묻어난 것이기에 건물 전체에 확대시킬 수 있을지 의문이나 대통사가 양 무제를 위하여 창건되었다는 점에서 건물 전체의 단청 또한 가능하였으리라 생각된다. 이처럼 암막새로 사용된 기와의 등면에 붉은 칠(주칠)이 이루어진 경우는 경주지역의 경주공고 부지(전 흥륜사지),[21] 사천왕사지, 창림사지(도 171), 동궁과 월지, 울산 율리 영축사지 등 신라의 여러 유적에서 확인할 수 있다.

---

19) 부연와는 그 동안 부여지역의 가탑리사지(도 168, 國立扶余博物館, 2010,『百濟瓦塼』, 119 쪽 사진 252) 및 금성산 와적기단 건물지(도 169) 등에서 수습되었다. 이들은 모두 귀면으로 단면 방형의 못을 사용하였다는 공통점이 있다.

20) 처마를 구성하는 평고대 위에 기와 골에 맞춰 파도 모양으로 깎은 기와 받침 부재를 말한다. 연함의 치목은 목수가 아닌 와공이 직접 진행한다.
김왕직, 2012,『알기쉬운 한국건축 용어사전』, 동녘, 174쪽.

21) 유단식 암막새의 등면에서 붉은 선이 관찰되었다(이병호, 2013,「경주 출토 백제계 기와 제작기술의 도입과정 -伝 흥륜사지 출토품을 중심으로-」『한국고대사연구』69, 21쪽 도 6의 451번 기와). 이처럼 유단식 암막새에 붉은 칠이 가해진 와례는 금번 발굴조사의 II층 대지 조성토에서도 검출된 바 있다.

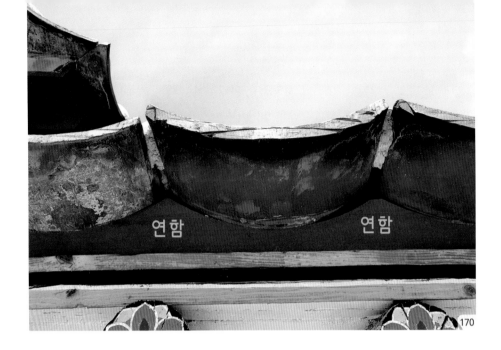

도 170. 암키와 아래의 파도처럼 보이는 나무 부재가 연함(連含)이다. 연함은 목수가 아닌 기와에 지붕을 올리는 와공이 치목한다.

도 171. 경주 창림사지 출토 암막새(통일신라). 등면에 붉은 칠(주칠)이 있다.

한편, 이번 발굴조사에서 수습된 치미나 마루수막새, 지두문 암막새, 유단식 암막새, 연목와, 부연와 등은 그 동안 공주지역의 백제유적에서 검출된 바 없는 초출 유물에 해당되고 있다. 특히 공산성과 그 주변 지역, 그리고 정지산유적 등에서도 수습된 바 없다는 점에서 그 중요성이 작지 않다. 이렇게 볼 때 대통사는 당시 공주 왕경에서 가장 화려했던 건물로 파악할 수 있다. 이는 흔히 '검이불루 화이불치(儉而不陋 華而不侈)'[22]라 표현된 왕궁보다 더 화려하게 치장되었음을 판단케 한다.

대통사에 사용된 기와의 제작기법을 보면 한성기의 제와기법과 중국 남조의 제와기법이 동시에 사용되었음을 확인할 수 있다. 전자의 기법은 풍납토성 출토 유단식 수키와 및 몽촌토성 출토 수막새[23]의 사례를 통해 살필 수 있다. 즉, 미구기와의 경우 와신과 미구가 한 번에 성형되고, 와신은 내면에서 거의 직각으로 결합하고 있다(도 172).[24] 그리고 드림새와 수키와의 접합기법 중 하나인 수키와피복접합법(被覆接合法. 도 173~174)은 웅진기의 여러 수막새에서 관찰되고 있어 한성기의 제와술이 웅진기에도 일부나마 꾸준히 사용되고 있음을 볼 수 있다.[25] 이 외에도 암키와를 제작하기

---

22) 『三國史記』 권23 백제본기 1 시조온조왕 15년조(B.C.4).
   "봄 정월에 새 궁실을 지었는데 검소하되 누추하지 않고 화려하되 사치스럽지 않았다"

23) 4분할 된 공간 내부에 원문 계통의 문양을 시문한 전문 계통의 수막새이다. 드림새와 수키와는 수키와피복접합법으로 이루어졌다.
   이병호, 2018, 「공주 지역 백제 수막새의 특징과 계통」 『百濟文化』 제58집, 205~206쪽.

24) 소재윤은 이러한 풍납토성 출토 수키와를 C2형식으로 구분하였다.
   소재윤, 2013, 「풍납토성 평기와의 제작공정에 따른 제작기법 특징과 변화」 『야외고고학』 제18호, 148쪽 표 9.

25) 이러한 접합법으로 제작된 수막새의 경우 수키와의 앞부분은 수막새의 주연부를 형성하게 된다.
   한편, 서혈사지 및 신원사 출토 수막새의 경우 원통접합후분할법(圓筒接合後分割法)이 사용되었다(戶田有二, 2007, 「百濟の鐙瓦製作技法について〔Ⅳ〕 -輕部慈恩氏寄贈瓦に見る西穴寺技法の再考と新元寺技法-」 『百濟文化』 제37집). 이 중 서혈사지 수막새의 경우 제작시기가 사비기이어서 웅진기 대통사의 수막새에서도 한성기와 같은 원통접합후분할법이 확인될 가능성이 적지 않다.

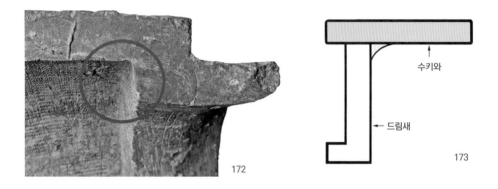

172

173

수키와

드림새

전사흔

174

도 172. 공주 반죽동 197-4번지 유적 Ⅳ층 3호 폐와무지 출토 미구기와(백제). ○ 내부가 직각으로 결합하고 있다.

도 173. 수키와피복접합법의 모식도

도 174. 수키와피복접합법으로 제작된 소문식 수막새(백제). 주연을 형성하는 수키와에 의해 'X'자형의 전사흔이 드림새에 시문되었다.

통쪽과 통쪽 사이의 흔적

175

176

통쪽을 엮은 끈의 흔적

도 175. 통쪽와통. 경남 고령의 고령기와에서 현재 사용하고 있다.
도 176. 통쪽와통으로 제작된 지두문 암막새(백제). 내면에서 통쪽 흔적이 확인되고 있다.

위한 통쪽와통(도 175~176) 및 원통와통(도 178~179)도 큰 차이 없이 웅진기에 나타나고
있다.[26] 통쪽와통으로 제작된 암키와는 원통와통으로 제작된 와례와 달리 내면에서
통쪽흔과 통쪽을 연결하였던 끈의 흔적이 확인되고 있다(도 177).[27]

---

26) 금번 발굴조사에서 수습된 암·수키와의 소지는 점토판만이 확인되고 있다.
27) 扶余文化財研究所, 1995, 『扶蘇山城 發掘調査中間報告』, 241쪽 삽도 24.

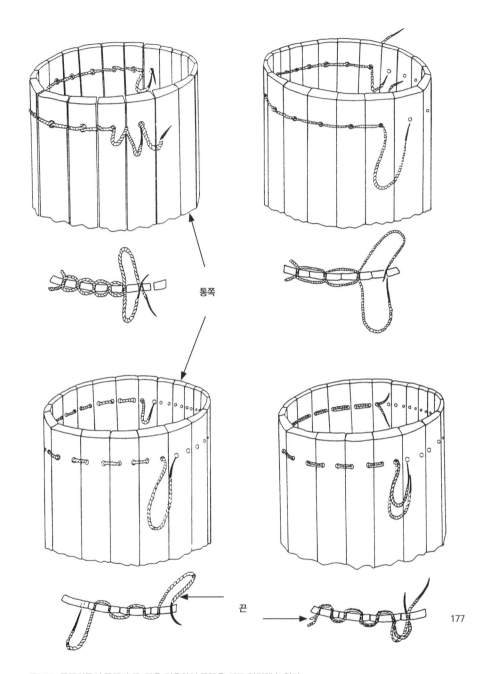

통쪽

끈

177

도 177. 통쪽와통의 통쪽과 끈. 끈을 이용하여 통쪽을 서로 연결해 놓았다.

도 178. 원통와통. 경남 고령의 고령기와에서 사용하고 있다.
도 179. 원통와통으로 제작된 암키와

반면에 중국 남조의 기법은 와신과 미구가 별도 제작된 후 접합되는 양상을 보이고 있다. 이럴 경우 미구의 내면은 전자와 달리 포목흔이 없이 물손질정면 되어 있거나 깎여 있다(도 180).[28] 아울러 이번에 발굴된 미구기와 중에는 언강과 미구의 결합이 내면에서 직각에 가깝게 결합되는 사례도 적지 않게 볼 수 있다.

---

28) 이러한 제와기법은 중국 남조 및 일본 기내(畿內)지역 초기 성조(星組)집단의 기술적 특징으로 이해되고 있다(최영희, 2016, 「益山 弥勒寺址 평기와의 製作과 使用 -百濟~統一新羅時代의 양상을 중심으로-」『익산 미륵사지 평기와 연구』, 국립부여문화재연구소, 373쪽). 이렇게 볼 때 미구가 별도 접합된 미구기와는 그 계통이 중국 남조에 있었음을 알 수 있고, 이후 사비기 부여지역 및 신라(전 흥륜사지, 육통리와요지 등), 그리고 일본 최초의 가람인 아스카데라(飛鳥寺)에까지 영향을 미쳤음을 판단할 수 있다. 이번에 발굴된 수키와 미구의 접합 양상은 정지산유적이나 공산성에서 출토된 것과 큰 차이를 보이지 않는다. 다만 Ⅳ층 3호 폐와무지에서 수습된 수막새의 수키와 같이 'く' 형태로 결합된 사례도 있어 더 다양한 미구의 접합기법이 존재하였을 가능성이 높다.

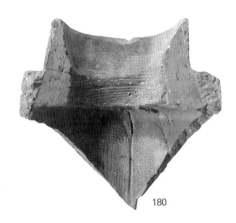
180

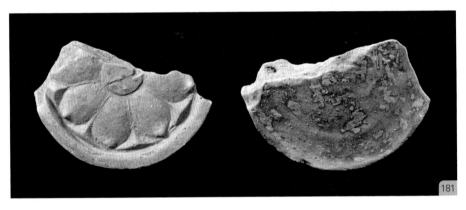
181

182

도 180. 미구의 내면이 물손질과 깎기조정 되어 있다.

도 181. 공주 반죽동 197-4번지 유적 IV층 대지조성토 출토 판단원형돌기식 수막새(백제). 뒷면에서 회전성형을 볼 수 있다.

도 182. 부여 관북리 백제유적 출토 판단삼각돌기식 수막새 뒷면의 회전성형(백제)

도 183. 부여 왕흥사지 출토 판단원형돌기식 수막새의 회전성형(백제)

또한 중국 남조의 제와술은 수막새의 문양과 드림새 뒷면의 회전성형(도 181),[29] 그리고 드림새와 수키와의 접합기법에서도 찾아볼 수 있다. 웅진기의 문양은 한성기(도 184)[30]와 달리 연화문이 주류를 이룬다. 이는 판단부 및 화판의 형태에 따라 판단원형돌기식과 판단융기식, 판단첨형식 등으로 불리고 있다.[31]

---

29) 이에 대해 "회전성형은 회전하는 판이나 물레의 원심력을 이용하여 일정 크기의 기물을 대량으로 빠르게 생산할 수 있어 매우 효율적인 제작방식이었을 것으로 추정된다. 기와 생산에 투여되는 와공의 에너지나 노동시간이 줄어드는 한편, 제품의 표준화와 규격화는 높아졌을 것이다."라고 설명하고 있다. 아울러 이러한 제와술은 공주지역의 대통사 수막새, 부여 관북리유적 판단삼각돌기식 수막새(도 182, 국립부여문화재연구소, 2012, 『백제 사비기 기와 연구』Ⅳ, 42쪽 사진 011), 왕흥사지 판단원형돌기식 수막새(도 183, 국립부여문화재연구소, 2011, 『백제 사비기 기와 연구』Ⅲ, 35쪽), 정림사지 판단첨형식 수막새, 익산 제석사지 파문식 수막새 등에서 주로 볼 수 있다(국립부여문화재연구소, 2011, 『백제 사비기 기와 연구』Ⅲ, 63쪽 및 89쪽, 92~93쪽 참조).
   한편, 淸水昭博은 회전성형을 '회전 물손질 기법'으로 기술하고, 이를 공주시 중동 출토품에서 확인하였다(2003, 「百濟 大通寺式 수막새의 성립과 전개 −中國 南朝系 造瓦技術의 전파−」『百濟硏究』 제38집, 忠南大學校 百濟硏究所, 61쪽). 하지만 중동은 제민천의 동쪽에 자리하고 있어 대통사지와는 정 반대 지역에 위치하고 있다.

30) 國立扶余博物館, 2010, 『百濟瓦塼』, 25쪽. 한성기 수막새의 문양은 정치영이 작성하였다.

31) 金誠龜, 1992, 「百濟의 瓦塼」『百濟의 彫刻과 美術』.

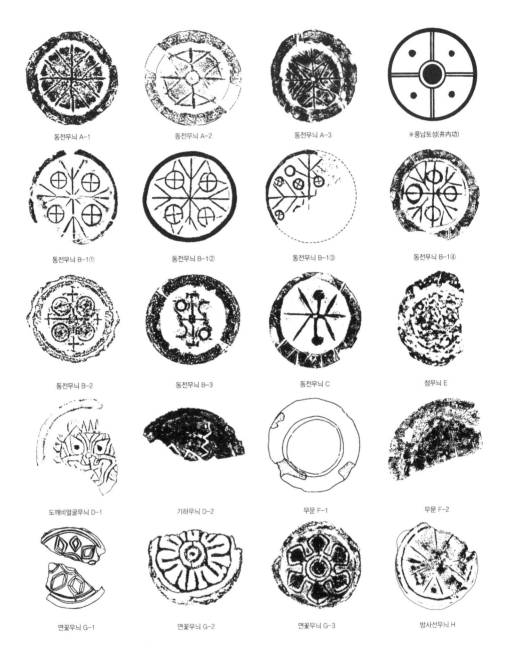

동전무늬 A-1 　　　　동전무늬 A-2 　　　　동전무늬 A-3 　　　　※풍납토성(井内功)

동전무늬 B-1① 　　　동전무늬 B-1② 　　　동전무늬 B-1③ 　　　동전무늬 B-1④

동전무늬 B-2 　　　　동전무늬 B-3 　　　　동전무늬 C 　　　　점무늬 E

도깨비얼굴무늬 D-1 　　기하무늬 D-2 　　　　무문 F-1 　　　　무문 F-2

연꽃무늬 G-1 　　　　연꽃무늬 G-2 　　　　연꽃무늬 G-3 　　　　방사선무늬 H

도 184. 백제 한성기 수막새의 여러 문양

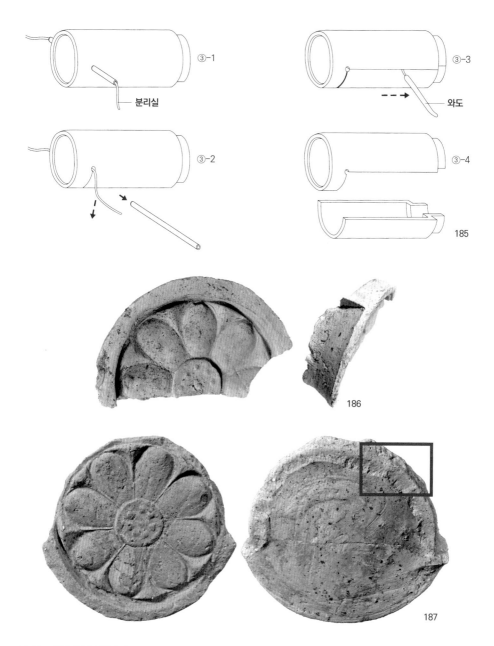

③-1

분리실

③-2

③-3

와도

③-4

185

186

187

도 185. 원통접합후분할법의 순서
도 186. 공주 반죽동 197-4번지 유적 IV층 3호 폐와무지 출토 판단원형돌기식 수막새의 수키와가공접합법(백제)
도 187. 공주 반죽동 197-4번지 유적 IV층 2호 폐와무지 출토 판단융기식 수막새의 수키와피복접합법(백제)

한편, 드림새와 수키와의 접합에 있어서도 한성기에 유행하였던 원통접합후분할법(도 185)[32] 대신 웅진기에는 수키와가공접합법(도 186)[33]과 수키와피목접합법(도 187)[34] 등이 대세를 이루고 있음을 볼 수 있다. 이는 향후 대통사 수막새의 검토 결과에 따라 좀 더 다양한 수키와가공접합법이 확인될 것이라 판단된다.[35]

나가는 말

이번 발굴조사는 '공주 반죽동 197-4번지 한옥신축부지 내 유적'을 대상으로 실시하였으며, 조사면적은 204㎡이다. 발굴조사 결과 상층부터 Ⅰ~Ⅴ층까지 모두 5개의 층위가 확인되었다. Ⅴ층 이하로는 모래층이 퇴적되었고, 그 아래에서는 암반이 조사되었다. 교란층인 Ⅰ층을 제외한 각각의 대지조성토 및 폐와무지에서는 백제 ~조선시대에 해당되는 기와류 및 토·자기, 소조상 등이 층위에 따라 시기적 차이를 두며 출토되었다.

---

32) 유금와당박물관, 2017, 『중국와당 제·연』, 139쪽.

33) 판단원형돌기식 수막새 등에서 주로 볼 수 있다.

34) 자방이 큰 판단융기식 및 소문식 수막새 등에서 주로 볼 수 있다. 그 동안 공주지역에서는 공산성 출토 판단융기식과 판단원형돌기식, 정지산유적 출토 판단돌기식, 봉황동유적 출토 판단원형돌기식 등에서 확인되었다.
戶田有二, 2004, 「百濟의 수막새기와 제작기법에 대하여(Ⅱ) -熊津·泗沘時代의 公山城技法·西穴寺技法·千房技法 수막새기와-」 『百濟硏究』 제40집, 212~215쪽.

35) 淸水昭博은 대통사식 수막새의 접합기법을 크게 두 가지로 설명하고 있다. 하나는 대통사 Ⅰ과 Ⅱ에서 보이는 수키와가공접합법으로 수키와의 선단부를 비스듬하게 잘라낸 후 이를 드림새의 주연부에 접합한 것이고, 다른 하나는 대통사 Ⅲ에서 보이는 수키와피복접합법이다(淸水昭博, 2003, 「百濟 大通寺式 수막새의 성립과 전개 -中國 南朝系 造瓦技術의 전파-」 『百濟硏究』 제38집, 忠南大學校 百濟硏究所, 61쪽).

Ⅰ층은 조사 전까지 자리해 있던 가옥의 기초시설 및 이와 관련된 교란층이다.

Ⅱ층에서는 수혈유구 2기와 주혈 1기가 확인되었으며, 백제~조선시대의 기와류를 중심으로 소조상편과 전편, 그리고 고려~조선시대의 자기편 등이 출토되었다. 출토된 유물 가운데 가장 늦은 시기의 것으로 판단되는 백자류는 조선시대 말기에 제작된 것으로 보이므로 이 층이 조성된 시기는 이 무렵일 것으로 추정된다.

Ⅲ층에서는 뚜렷한 유구가 확인되지는 않았으나, 다른 층들과 마찬가지로 대지조성토에서 백제~고려시대의 기와류를 중심으로 한 유물이 다량 출토되었다. 이 중에는 '□통(□通)'명 인각와를 비롯해 수막새, 소조상, 치미 등이 포함되어 있어 사찰, 특히 대통사와 무관하지 않음을 시사해 주었다. 또한 함께 출토된 기와류 중에는 조선시대의 대표적인 문양인 청해파문이 시문된 수키와가 포함되어 있어 대지 조성은 조선시대 전기 이후에 이루어졌을 것으로 추정되었다.

Ⅳ층에서는 폐와무지 5기가 확인되었으며, 조사된 폐와무지와 성토대지에서는 5개 층 가운데 가장 많은 유물이 출토되었다. 유물은 백제~고려시대의 기와류가 주류를 이룬다. 성토대지에서 출토된 장판 타날된 어골문으로 보아 대지 조성은 나말여초기 이후에 성토된 것으로 추정되었다.

Ⅴ층은 조사지역의 가장 아래층으로서, 폐와무지 1기와 집석유구 1기가 확인되었다. 대지조성토와 구지표면, 폐와무지에서는 기와 및 토기, 전 등 백제시대로 편년할 수 있는 유물들이 출토되었다. 폐와무지 내에서는 Ⅲ층에서 출토된 '대통(大通)'명 인각와와 동일한 양상의 '대□(大□)'명 인각와가 출토되었고, 대지조성토에서는 무령왕릉 전과 문양면에서 유사한 사격문전이 출토되어 주목된다. 이러한 유물의 출토양상으로 보아 대지 조성은 대체로 6세기 전반(웅진기)경에 조성된 것으로 추정된다.

이상과 같이 이번의 발굴조사 내용을 간략히 정리하면서 확인된 유구와 출토된 유물의 양상을 검토하여 각 층이 조성된 시기를 추정해 보았다. 그러나 조사범위가 1동의 가옥부지에 불과하여 매우 협소하고, 각 층에서 확인된 유구와 성토대지가 대부분 주변으로 확장되고 있기에 향후 확장 발굴조사가 진행될 경우 수습되는 유물의 양상에 따라 층위의 조성 시기 또한 달라질 가능성을 완전 배제할 수 없다. 이러한 조사상의 난제와 관련하여 향후 발굴조사에서는 소규모 면적보다 넓은 범위를 대상으로 발굴조사를 진행하는 것이 타당할 것이라는 결론을 얻게 되었다.[36]

---

36) 이 글은 조원창, 2019, 「공주 반죽동 추정 대통사지 발굴조사 내용과 성과」『百濟文化』 60호의 내용을 일부 정리한 것이다.

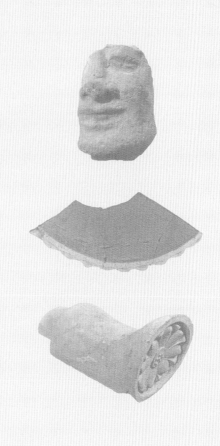

02
백제 대통사 수막새의 형식과
창건와의 검토

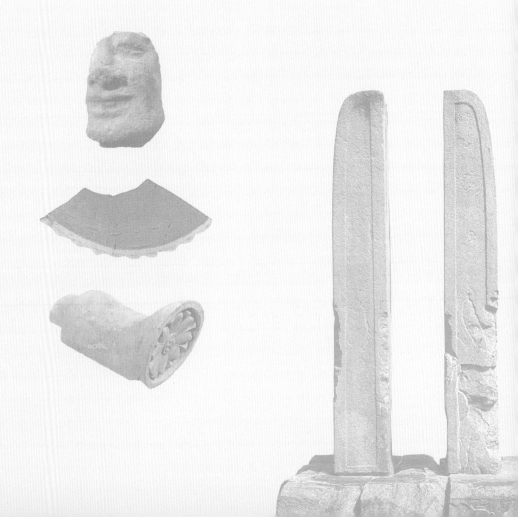

들어가는 말

백제 웅진기 사찰을 대표하는 대통사는 527년 무렵 성왕에 의해 공주지역에 창건되었다. 양나라 무제(武帝)를 위해 조성되었다고 하나 관련 기록 및 유적, 유물 등이 영성하여 확실한 창건 목적은 확인하기 어렵다.

대통사에 대한 학술적 관심은 일제강점기 가루베 지온(輕部慈恩)에 의해 처음으로 시작되었다. 그는 공주고보(현 공주고등학교) 교사로 재직하면서 공주 및 주변지역에 대한 문화재조사를 실시하였다. 그러던 중 공주고등여학교의 기숙사 하수공사를 하는 과정에서 '대통(大通)'명 기와를 비롯한 초석 등이 검출되어 가루베 지온은 이곳을 탑지로 추정케 되었다. 그리고 현재의 중학동주민센타가 위치한 북쪽 주변 지역을 금당지로 판단하였다. 강당지는 공주대학교부속고등학교와 대통교를 잇는 도로의 북쪽 지점으로 비정하였다.[1] 이러한 가루베 지온의 대통사 가람배치[2]를 인용해 본다면 이번에 발굴조사된 공주시 반죽동 197-4번지 유적은 강당지의 일부 혹은 그 인접 지역으로 파악해 볼 수 있다. 아울러 탑지로 추정된 곳은 반죽동 당간지주(보물 제150호)로부터 북서 방향으로 약 56m 정도 이격되어 자리하고 있다.

1990년대 말 이후 당간지주를 중심으로 한 대통사의 탐색작업은 지속적으로 진행되고 있다. 현재는 반죽동 일원 및 봉황동 주변지역까지 확대하여 시(발)굴조사를 실시하고 있다.[3] 하지만 원형 및 방형의 적석유구와 성토층, 그리고 폐와무지만 조

---

1) 輕部慈恩, 1946, 『百濟美術』, 寶雲舍, 94~95쪽.

2) 輕部慈恩, 1946, 『百濟美術』, 寶雲舍, 95쪽 제10圖.

3) 公州大學校博物館·忠淸南道 公州市, 2000, 『大通寺址』.
   공주대학교박물관, 2011.11, 「공주 대통사지 시굴(탐색)조사 약보고서」.
   한얼문화유산연구원, 2018.06, 「공주 반죽동 197-4번지 한옥신축부지 내 유적 소규모 국비지원 발굴조사 약식보고서」.

도 1. 공주 반죽동 197-4번지 유적의 IV층 폐와무지 전경

사되었을 뿐 대통사와 관련된 중문지나 탑지, 금당지, 강당지 등의 유구는 아직까지 검출된 바 없다.

백제시대 성토대지 및 대통사 유물이 대거 확인된 반죽동 197-4번지 유적은

嘉耕考古學研究所, 2019.05, 「공주 반죽동(204-1번지 일원) 제2종근린생활시설 신축부지 내 유적(국비) 발굴조사 약식보고서」.
충청남도역사문화연구원, 2019.09, 「공주 대통사지 추정지(3지역) 학술발굴조사 중간 자문회의 자료집」.
한국문화재재단, 2019.10, 「현장공개설명회 자료집〔공주 반죽동 205-1번지 유적〕」.
충청남도역사문화연구원, 2019.10, 「공주 반죽동〔221-1번지〕 대통사지 추정지 시굴조사 개략보고서」.

2018년 전반기에 발굴조사 되었다. 그 결과 성토층 및 폐와무지(도 1)[4]에서 '대□(大□)'[5]명 기와를 비롯한 백제 웅진~사비기의 수막새, 마루수막새, 지두문·유단식 암막새, 부연와, 연목와, 소조상, 치미 등이 평기와와 함께 다량으로 수습되었다. 특히 '대□(大□)'명 인각와를 통해 이들 기와의 일부가 백제 웅진기 대통사에 사용되었음을 파악케 되었다.

평기와를 제외하면 대부분의 수량을 차지하는 것은 수막새[6]이다. 문양은 판단원형돌기식 및 판단융기식, 판단첨형식 등 연화문이 주류를 이루고 있으며, 한성기에 유행하였던 전문이나 수지문, 기하학문 등의 문양은 단 한 점도 수습되지 않았다. 아울러 드림새와 수키와의 접합기법에서도 한성기에 등장하지 않은 수키와가공접합법이 다수 관찰되어 수막새와 기와의 제작이 중국 남조의 제와술과 불가분의 관계에 있었음을 판단케 하고 있다.

본고에서는 대통사지로 추정되는 공주시 반죽동 197-4번지에서 수습된 수막새를 중심으로 이의 창건와와 보수와를 살펴보는데 목적이 있다. 먼저 Ⅱ장에서는 해당 유적에서 수습된 수막새를 형식 분류하였고, Ⅲ장에서는 이를 바탕으로 편년을 추정해 보았다. 아울러 이 과정에서 선행 연구와 중국 남조 수막새에 대해서도 함께 비교·검토해 보았다.

---

4) 한얼문화유산연구원 제공.
5) 공주시 반죽동 176번지의 발굴조사를 통해 백제시대 '대통(大通)'명 인각와가 여러 점 수습되었다.
6) 이는 수키와와 원형의 드림새로 이루어져 있는데 이번 조사에서는 미구기와와 함께 드림새가 수습되어 제작 시기와 기법 등을 조금이나마 파악할 수 있었다.

대통사 수막새의 형식을 분류하다

여기에서는 공주시 반죽동 197-4번지에서 수습된 수막새를 형식 분류하고, 백제 웅진기 대통사의 창건와를 확인함에 있어 기초 자료를 확보하는데 목적이 있다. 수막새의 형식 분류는 화판 판단부의 생김새와 자방의 돌출 유무, 그리고 자방 외곽의 원권대 및 연자 배치 등을 기준으로 하였다.

금번 발굴조사에서 수습된 대통사 수막새의 드림새 문양은 대략 8가지 형식으로 분류되고 있다. 이 중에서 가장 다수를 차지하는 것은 판단원형돌기식(A형식)과 판단 융기식(B형식)이다. 그리고 화판의 판단부가 돌기된 판단돌기식(C형식) 또한 상대적으로 많은 수량을 차지하고 있다. 기타 판단원형식(D형식)과 판단첨형식(E형식), 돌대식(F형식), 소문식(G형식) 등도 소량 출토되었다.[7]

판단원형돌기식(A형식)은 판단융기식(B형식)과 더불어 가장 많은 수량이 출토되었다. 이 형식은 그 동안 자방과 연자 배치, 그리고 화판과 자방의 크기 비 등을 통해 세분된 바 있다. 본고에서는 화판과 자방의 크기 비 등을 중심으로 A형식을 분류해 보고자 한다.[8] 먼저 자방에 비해 화판을 크게 제작한 것을 Ai형식, 화판보다 자방을 크게 제작한 것을 Aii형식으로 분류하였다.

---

7) 이들 와당의 형식 분류는 대부분 김성구의 안을 따랐다. 다만, 판단돌기식과 돌대식은 필자가 조어하였음을 밝힌다.
金誠龜, 1992, 「百濟의 瓦塼」 『百濟의 彫刻과 美術』.
한편, 대통사 출토 백제 수막새의 형식 분류와 접합기법은 이병호의 논고에서도 살필 수 있다. 그러나 논고에 수록된 수막새가 전체 수량 중 극히 일부분에 한정된 것이기에 대통사 와례의 전반적인 형식과 편년을 파악하기에는 다소 어려움이 있다.
李炳鎬, 2018, 「공주 반죽동 출토자료로 본 백제 대통사의 위상」 『百濟文化』 제60집.
8) 물론 자방의 돌출 유무 및 원권대 등도 판단원형돌기식을 분류하는 기준이 될 수 있으나 반죽동 197-4번지 유적에서는 이러한 수막새가 검출되지 않았다. 아울러 1+6과 및 1+8과의 연자 배치도 형식 분류의 기준이 될 수 있으나 이러한 구분이 시기 차를 반영하기 어렵다는 점에서 본고에서는 제외하게 되었다.

Ai형식(도 2)은 V층 1호 폐와무지에서 수습되었다. 대통사 창건와로 알려져 있으며 단판 8엽의 연화문 수막새이다. 판단 중앙의 원형 돌기는 小珠文처럼 볼륨감이 풍만하다. 1+6과의 연자는 자방 외곽에 배치되어 있고, 자방은 약간 돌출되어 있다. 화판의 최대경은 상부에 위치하고, 화판과 화판 사이의 간판은 'T'자형으로 이루어졌다. 자방 외곽에서 부분적으로 중조기법이 확인된다. 드림새 직경은 13.8cm이고, 화판 길이 4cm, 자방 직경 3.2cm이다.

Aii형식(도 3)은 IV층 대지조성토에서 수습된 단판 8엽의 연화문 수막새이다. Ai형식에 비해 자방이 크게 제작된 반면, 판단부의 원형돌기는 볼륨감이 약한 편이다. 자방은 돌출되어 있고, 내부에서 1+8과의 연자 배치를 볼 수 있다. 자방 외곽 일부에서는 중조기법이 살펴진다. 잔존 드림새의 최대 직경은 14.1cm, 화판 길이 3.8cm, 자방 직경 4.3cm이다.

판단융기식(B형식)은 자방과 화판의 크기 비, 자방의 돌출 유무, 연자 배치 등에 따라 대략 6가지 형식으로 세분할 수 있다. 첫 번째로 Bi형식(도 4)은 IV층 3호 폐와무지에서 수습된 단판 8엽의 연화문 마루수막새[9]이다. 이 기와는 지금까지 백제의 고토인 서울, 공주, 부여, 익산 등지에서 검출된 바 없는 특수기와로서 자방 직경에 비해 화판을 크게 제작하였다. 판단 중앙부에는 약하게 돌기가 형성되어 있으며, 돌출된 자방 내부에는 1+7과의 연자가 아래쪽을 향해 배치되어 있다. 드림새와 접합된 수키와는 미구기와이고 와신과 미구가 동시에 제작되었다.[10] 미구와 언강의 내면은 직각에 가깝게 결합되었다. 와도는 내면에서 배면으로 그었다. 드림새 직경은 13.9cm이고, 화판 길이 3.7cm, 자방 직경 3.0~3.4cm이다.

---

9) 팔작지붕이나 우진각지붕, 맞배지붕의 내림마루나 추녀(귀)마루의 끝단에 놓인 수막새이다. 따라서 여느 지붕에 즙와된 수막새와는 제작기법이나 형상이 다르다.

10) 이는 미구 내면의 포목흔을 통해 알 수 있다.

도 2.　공주 반죽동 197-4번지 유적 출토 Ai형식 수막새　　도 3.　공주 반죽동 197-4번지 유적 출토 A ii 형식 수막새

도 4.　공주 반죽동 197-4번지 유적 출토 Bi형식 마루수막새　　도 5.　공주 반죽동 197-4번지 유적 출토 B ii 형식 수막새

도 6.　공주 반죽동 197-4번지 유적 출토 B iii 형식 수막새　　도 7.　공주 반죽동 197-4번지 유적 출토 Biv형식 수막새

두 번째로 Bii 형식(도 5)은 Ⅳ층 대지조성토에서 수습된 단판 8엽의 연화문 수막새이다. Bi형식과 비교해 연자 배치에서 약간의 차이를 보이고 있다. 즉 전자의 경우 아래쪽을 향해 연자가 배치된 반면, 이 형식은 자방 내부에 균형적으로 자리하고 있다. 간판은 'T'자형이고, 판근은 자방에까지 이어져 있다. 돌출된 자방 내부에는 1+7의 연자가 배치되어 있다. 잔존 드림새의 최대 직경은 14.2cm이고, 화판 길이 3.6cm, 자방 직경 3.4cm이다.

Biii형식(도 6)은 Ⅲ층 대지조성토에서 수습된 단판 8엽의 연화문 수막새이다. Bi·Bii형식에 비해 자방이 상대적으로 크게 제작되었다. 약하게 돌출된 자방 내부에는 1+8과의 연자가 돌기되어 있다. 화판 사이의 간판은 '▼'형으로 판근이 자방에까지 이어져 있지 않다. 화판과 주연 사이에서는 중조기법이 확인되고 있다. 드림새 직경은 15.4cm, 화판 길이 3.5cm, 자방 직경 4.2cm이다.

Biv형식(도 7)은 Ⅳ층 2호 폐와무지에서 수습된 단판 8엽의 연화문 수막새이다. Biii형식과 비교해 판단 중앙부에 돌기가 약하게 형성되어 있다. 자방은 돌출되어 있고, 1+8과의 연자가 자방 안쪽을 향해 배치되어 있다. 간판은 'T'자형으로 판근이 자방에 닿아 있다. 드림새 직경은 15.3cm, 화판 길이 3.5 cm, 자방 직경 4.1cm이다.

Bv형식(도 8)은 Ⅳ층 3호 폐와무지에 수습된 단판 8엽 연화문 수막새이나 현재 4엽만 남아 있다.[11] 앞의 네 형식과 비교해 자방이 상당히 작게 제작되었다. 전체적으로 小자방 大화판의 특징을 보여주고 있다.[12] 간판은 'T'자형으로 판근이 자방에까지 이어져 있다. 돌출된 자방 내부에는 1+6과의 연자가 배치되어 있다. 잔존 드림새 직경은 9.6cm이고, 화판 길이 3.9cm, 자방 직경 2.5cm이다.

---

11) 이와 동범와로 보이는 것이 반죽동 205-1번지 유적에서도 수습된 바 있다.

12) 이러한 자방과 화판의 크기 비를 보이는 와례는 부여 가탑리사지(國立扶餘博物館, 2010, 『百濟瓦博』, 118쪽 사진 248)를 비롯한 정림사지, 금성산 와적기단 건물지, 관북리 백제유적, 부소산 등에서도 살펴볼 수 있다.

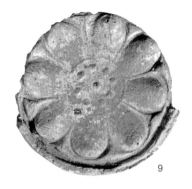

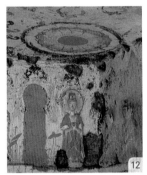

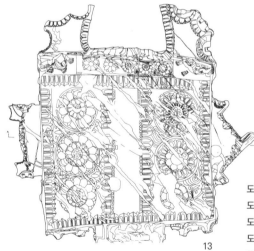

도 8. 공주 반죽동 197-4번지 유적 출토 Bⅴ형식 수막새
도 9. 공주 반죽동 197-4번지 유적 출토 Bⅵ형식 수막새
도 10. 공주 반죽동 197-4번지 유적 출토 C형식 수막새
도 11. 중국 운강석굴 제10굴 후실 연화문(북위 효문제, 471~494년)
도 12. 천수 맥적산석굴 제159굴 천정 연화문(북위)
도 13. 중국 용문석굴 皇甫公窟 연화문(우측 중앙, 북위 527년)
도 14. 부여 금강사지 출토 판단첨형식 연화문 수막새(백제)

Bvi형식(도 9)은 IV층 1호 폐와무지에서 수습된 단판 8엽의 연화문 수막새이다. 화판 대비 자방을 크게 제작하였고, 자방은 평판화[13]되어 있다. 연자 배치는 1+8과이고, 자방 외곽으로는 1조의 얇은 원권대가 돌아가고 있다. 이처럼 자방이 평판화 되고, 외곽에 1조의 원권대가 시문된 와례는 부여 능산리사지[14] 및 부소산사지[15] 등에서도 검출된 바 있다. 간판은 'T'자형이고, 판근이 자방에 닿아 있다. 잔존 드림새 직경 13.3cm이고, 화판 길이 3.6cm, 자방 직경 4.8cm이다.

화판의 판단부가 돌기된 판단돌기식(C형식[16], 도 10)은 IV층 3호 폐와무지에서 수습되었다. 화판에 비해 간판(T자형)이 크게 제작되었다. 자방은 돌출되어 있으나 연자 배치는 살필 수 없다.[17] 화판과 자방, 간판 등에서 목리흔을 살필 수 있다. 드림새에 붙어 있는 수키와의 와신부와 미구는 별도 제작된 후 성형되었으며, 와신부와 언강은 내면에서 직각으로 결합하고 있다. 드림새 직경은 14.8cm, 화판 길이 3.6cm, 자방 직경 3.5cm이다.

---

13) 자방이 돌출되지 않고, 판구와 같은 높이를 보이고 있다.

14) 國立扶餘博物館, 2010,『百濟瓦塼』, 157쪽 사진 395.

15) 國立扶餘博物館, 2010,『百濟瓦塼』, 173쪽 사진 454.

16) 판단부가 돌기되어 있으나 원형이나 삼각형으로는 살펴지지 않아 판단돌기식이라 명명하게 되었다.

17) 이처럼 자방 내부에 연자가 배치되지 않은 사례는 중국 남북조 용문석굴 사원의 연화문과 부여 금강사지 판단원형식 수막새, 능산리고분군 내 동하총 천정 벽화의 연화문 등에서 찾아볼 수 있다.
云岡石窟文物保管所編, 1994,『中國石窟 云岡石窟』二, 도판 75(도 11).
天水麥蹟山石窟藝術研究所編, 1998,『中國石窟 天水麥蹟山』, 도판 117(도 12).
龍門文物保管所・北京大學考古系編, 1991,『中國石窟 龍門石窟』一, 243쪽 二(도 13).
國立扶餘博物館, 2010, 百濟瓦塼』, 144쪽 사진 336(도 14).
이상 조원창, 2015,「연화문으로 본 능산리 동하총의 편년」『百濟文化』53집, 73~74쪽.

판단원형식(D형식)은 화판의 판단부에 장식이 없이 둥글게 곡면 형태로 돌아가는 것을 말한다. 자방 내부의 연자 배치 및 주연부의 두께에 따라 크게 두 가지 형식으로 구분할 수 있다.

첫 번째로 D i 형식(도 15)은 Ⅳ층 1호 폐와무지에서 수습되었다. 4엽이 남아 있는 단판 8엽 연화문 수막새로 화판의 볼륨감은 약한 편이다. 화판에 비해 간판이 작게 제작되었고, 판근과 자방은 서로 이어져 있다. 돌출된 자방 내부의 연자는 모두 결실되었으나 떨어진 흔적으로 보아 1+8과임을 알 수 있다. 다른 와례와 비교해 주연의 폭이 좁게 제작되었다. 이번 발굴조사에서 한 점이 수습되었다. 잔존 드림새 직경 7.5cm, 화판 길이 3.7cm, 자방 직경 4.5cm이다.

D ii 형식(도 16)은 Ⅳ층 4호 폐와무지에서 수습된 단판 8엽 연화문 수막새이다. D i 형식에 비해 화판의 볼륨감이 풍만한 편이다. 화판에 비해 자방이 크게 제작되었고, 내부에는 1+6과의 연자가 희미하게 남아 있다. 자방 외곽으로 1조의 원권대가 희미하게 돌아가고 있다. 간판은 'T'자형으로 판근이 자방에까지 닿아 있다. 화판과 자방 주변에서 일부 중조기법이 확인된다. 잔존 드림새 직경 15.2cm, 화판 길이 3.8cm, 자방 직경 4.5cm이다.

판단첨형식(E형식)은 화판의 끝부분이 뾰족한 것으로, 첨형의 시문 방법에 따라 두 가지로 구분할 수 있다. 첫 번째로 E i 형식(도 17)은 Ⅲ층 대지조성토에서 수습되었다. 3엽의 화판과 주연 일부가 남아 있으며, 화판 중상단부에서 주연 방향으로 화살표(↑) 형태의 침선이 있다. 화판과 화판 사이에도 화살표(↑) 형태의 간판이 양각되어 있다. 이러한 형태의 침선과 간판은 그 동안 백제 한성기~사비기의 수막새에서 살필 수 없는 제와 요소로서 그 기술적 계통이 중국 남조에 있었음을 판단케 한다. 잔존 드림새 직경 약 5.5cm, 화판 길이 최대 3.6cm이다.

E ii 형식(도 18)은 Ⅰ층 교란토에서 수습되었으며, 현재 3엽만 남아 있다. 화판은 상

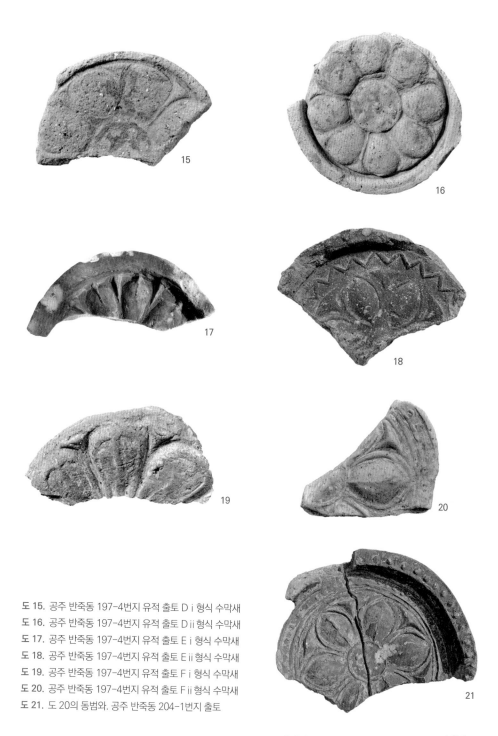

도 15. 공주 반죽동 197-4번지 유적 출토 D ⅰ형식 수막새
도 16. 공주 반죽동 197-4번지 유적 출토 D ⅱ형식 수막새
도 17. 공주 반죽동 197-4번지 유적 출토 E ⅰ형식 수막새
도 18. 공주 반죽동 197-4번지 유적 출토 E ⅱ형식 수막새
도 19. 공주 반죽동 197-4번지 유적 출토 F ⅰ형식 수막새
도 20. 공주 반죽동 197-4번지 유적 출토 F ⅱ형식 수막새
도 21. 도 20의 동범와. 공주 반죽동 204-1번지 출토

면이 볼록하고, 외곽으로 화륜권이 장식되어 있다. 화판과 주연 사이의 판구에는 거치문이 시문되어 있다. 자방은 멸실이 심해 확인이 어렵고, 주연에는 연주문이 장식되어 있다. 거치문이 시문된 수막새는 그 동안 백제의 고토에서 검출된 바 없으며, 화륜권+거치문+연주문이 조합된 문양도 아직까지 발견된 바 없다. 따라서 이 형식의 수막새는 중국 남조의 제와술로 제작되었음을 판단케 하고 있다. 잔존 드림새 직경 약 7.5cm, 화판 길이 3.4cm, 자방 직경 1.2cm이다.

돌대식(F형식)은 화판의 상면에 종방향으로 돌대가 시문된 것이다. 화판의 생김새에 따라 두 가지 형식으로 구분할 수 있다. 먼저 F i 형식(도 19)은 II층 대지조성토에서 출토된 것으로 일찍이 가루베 지온(輕部慈恩)에 의해 북위 계통의 수막새로 보고된 바 있다.[18] 현재 3엽만 남아 있으나 단판 8엽의 연화문 수막새로 추정된다. 화판에 비해 간판(▼형)이 작게 제작되었고, 판근은 자방에까지 이어져 있지 않다. 화판의 일부에서는 범상과 중조기법이 살펴진다. 화판의 형태로 보아 부여 중정리유적 출토 수막새[19]에 후행할 것으로 판단된다. 발굴조사에서 한 점이 수습되었다. 잔존 드림새 직경 약 3.8cm, 최대 화판 길이 3.4cm이다.

F ii 형식(도 20)은 IV층 1호 폐와무지에서 수습되었다. 이곳에서는 백제 웅진~사비기의 판단융기식과 판단원형돌기식, 판단첨형식 수막새 등이 함께 수습되었고, 통일신라기의 수막새는 거의 검출되지 않았다. 주연을 제외한 자방, 화판, 판구 일부가 남아 있다. 화판은 단면 '▲'형에 가깝고, 이의 주변으로는 화륜권이 장식되어 있다. 화판 사이의 간판은 'T'자형이고, 판근은 자방에까지 이어져 있지 않다. 자방은 평판화에 가깝고, 외곽에는 1조의 원권대가 돌아가고 있다. 화판과 주연 사이에는 내 2조, 외 1조의 원권대가 있고, 그 내부에 연주문이 시문되어 있다.[20] 주연부는 멸실되

---

18) 輕部慈恩, 1946, 『百濟美術』, 寶雲舍, 195쪽.

19) 國立扶餘博物館, 2010, 『百濟瓦博』, 239쪽 사진 627.

20) 이처럼 화판과 주연부 사이의 연주문대는 중국의 경우 남조 제·양대 수막새에서 살필 수

102   성왕, 공주에 대통사를 세우다

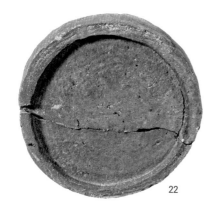

22   23

도 22. 공주 반죽동 197-4번지 유적 출토 G형식 소문 수막새
도 23. 공주 반죽동 197-4번지 유적 Ⅳ층 대지조성토 출토 판단삼각돌기식 연목와

었으나 최근 주변 지역에서 수습된 동범와(도 21)[21]를 통해 연주문대가 장식되었음을 확인할 수 있다. 잔존 드림새 직경 약 8.2cm, 화판 길이 3.6cm이다.

마지막으로 소문식(G형식, 도 22)은 문양이 없는 수막새로 Ⅳ층 2호 폐와무지에서 수습되었다. 주연부는 돌출되었고, 연주문은 시문되지 않았다. 드림새 직경은 15cm이다. 이 형식은 7세기 이후의 백제 사비기 유적에서 주로 수습되고 있다.

한편, 공주 반죽동 197-4번지 유적(추정 대통사지)에서는 백제 사비기의 주류 형식인 판단삼각돌기식 수막새가 검출되지 않았다. 하지만 동일 형식의 연목와(도 23)가 출토된 것으로 보아 향후 주변 지역에서 이 형식의 와당이 수습될 가능성 또한 매우 높다고 생각된다.

있고, 당대에도 나타나고 있다. 백제는 중국 남조인 양나라의 영향으로 제작되었음을 알 수 있다.

21) 嘉耕考古學研究所, 2019.05, 「공주 반죽동(204-1번지 일원) 제2종근린생활시설 신축부지 내 유적(국비) 발굴조사 약식보고서」, 2019년 5월 15일 촬영.

대통사 창건 수막새에서 중국 남북조시대의 문양을 보다

여기에서는 앞에서 살핀 여러 형식의 대통사 수막새에 대해 각각의 편년을 설정해 보고자 한다. 이를 위해 기존에 발굴된 백제 웅진기~사비기의 와례와 중국 남조 수막새들과 상호 비교해 보도록 하겠다. 그럼으로써 대통사의 창건와와 보수와 등을 시기적으로 구분해 보고자 한다. 그리고 창건와의 경우 중국 남조 제와술의 영향으로 새롭게 제작되었음도 살펴보도록 하겠다. 이는 결과적으로 한성기의 제와술과 웅진기 대통사 창건와의 제와술이 거시적 관점에서 서로 단절되었음을 의미하는 것이기에 향후에도 꾸준한 검토가 진행되어야 할 것으로 생각된다.[22]

앞에서 살핀 A형식은 백제 웅진기 및 사비기의 수막새에서 가장 일반적으로 살필 수 있는 와례이다. 즉, 웅진기의 공주 공산성을 비롯한 봉황동유적, 중동유적 등에서 검출된 바 있고, 사비기에는 부여 구아리사지, 능산리사지, 왕흥사지, 동남리유적, 가탑리유적 등에서 수습된 바 있다.

금번 공주시 반죽동 197-4번지 유적(추정 대통사지)에서 수습된 Ai형식은 그 동안 국내외의 여러 수막새 연구자들에 의해 대통사 창건와[23]로 비정된 것이다. 이는 사비기 부여지역의 군수리사지 및 능산리사지 등에서 검출된 수막새와의 비교를 통해

---

22) 이는 수막새에 표현된 문양, 드림새와 수키와의 접합, 미구기와에서 와신과 미구의 결합 등을 통해 판단해 볼 수 있다. 이러한 접합 및 제작기법 등에 대해선 향후 별도의 논고를 통해 밝혀보고자 한다.

23) 이에 대해선 아래의 논고를 참조하기 바람.

朴容塡·泊勝美譯, 1978,「百濟瓦當の體系的分類」『百濟文化と飛鳥文化』, 吉川弘文館, 200쪽.

龜田修一, 1981,「百濟古瓦考」『百濟研究』제12집, 94쪽.

金誠龜, 1992,「百濟의 瓦塼」『百濟의 彫刻과 美術』, 313쪽.

趙源昌, 2000,「熊津遷都後 百濟瓦當의 變遷과 飛鳥寺 創建瓦에 대한 檢討」『嶺南考古學』 27, 135쪽.

淸水昭博, 2003,「百濟「大通寺式」수막새의 성립과 전개 -中國 南朝系 造瓦技術의 전파-」 『百濟研究』제38집, 60쪽.

서도 확인할 수 있다. 즉, 사비기 판단원형돌기식의 경우 판단부의 문양이 대통사의 창건와에 비해 뚜렷한 珠文의 형태를 띠고 있지 않아 차이를 보인다.

Aⅱ형식은 Aⅰ형식에 비해 화판 대비 자방이 크게 만들어졌음을 살필 수 있다. 판단원형돌기식 수막새는 웅진기에서 사비기를 거치며 화판과 자방의 크기 비가 서로 다르게 나타남을 확인할 수 있다. 예컨대 Aⅱ형식처럼 자방이 화판과 비슷하거나 오히려 크게 제작된 와례들은 사비천도 후인 6세기 3/4분기 무렵에 주로 등장하고 있다(도 24).[24]

그런데 A형식의 화판은 중국 북조에 해당되는 동위시대의 불상광배(도 25)[25]에서도 찾아지고 있다. 이러한 화판의 사례가 한성기의 수막새에서 그 동안 검출되지 않았음을 살펴볼 때 판단원형돌기식은 백제 웅진기에 남조나 북조로부터 새롭게 유입된 연화문 형식으로 이해할 수 있다. 따라서 A형식에서의 창건와는 Aⅰ형식만 해당되고 Aⅱ형식은 사비기의 대통사 기와 보수 과정에서 새롭게 사용되었음을 판단할 수 있다.

B형식은 그 동안 공주 공산성에서 수습된 판단융기식과는 약간의 차이를 보이고 있다. 즉 공산성 출토 와례(도 26)는 화판이 8엽 혹은 10엽으로 화판 대비 자방의 크기가 비슷하게 제작되었다. 그러나 공주시 반죽동 197-4번지 유적(추정 대통사지)에서 검출된 Bⅰ형식의 수막새는 자방보다 화판을 상대적으로 크게 제작하여 공산성의 와례와는 전혀 다른 문양 특징을 보여주고 있다.

B형식의 수막새는 화판의 형태 및 연자 배치, 자방 형태 등에 따라 크게 다섯 가지로 세분한 바 있다. 먼저 Bⅰ형식은 전술한 바대로 그 동안 백제의 고토에서 처음으로 수습된 수막새로서 자방 대비 화판을 크게 제작하였다. 화판은 날렵하고 볼륨감

---

24) 國立扶餘博物館, 2010, 『百濟瓦塼』, 92쪽 사진 162.

25) 震旦藝術博物館, 1992, 『佛敎文物選粹』 1, 71쪽.

도 24. 부여 관북리 백제유적 출토 판단원형돌기식 수막새

도 25. 동위시대의 석조삼존불입상(본존불 : 판단삼각돌기식, 좌협시보살 : 판단첨형식, 우협시보살 : 판단원형돌기식)

도 26. 공주 공산성 출토 판단융기식 수막새

도 27. 부여 관북리 백제유적 출토 판단융기식 수막새

도 28. 부여 구아리사지 출토 '大王夫王'명 판단융기식 수막새

이 있어 협판으로 제작된 부여 관북리 백제유적 출토 수막새(도 27)[26]와 기본적인 차이가 발견되고 있다. 아울러 자방이 작으면서 화판을 크게 제작한 '대왕부왕(大王夫王)'명 부여 구아리사지 출토 수막새(도 28)와도 비교되고 있다. 시기적으로 부여 관북리 백제유적 출토 수막새가 6세기 3/4분기 그리고 구아리사지 출토 수막새가 6세기 4/4분기 무렵에 제작되었음을 볼 때 Bi형식은 이들보다 선작(先作)되었음을 판단케 한다.

위와 같은 판단융기식 수막새와의 사례 비교는 Bi형식이 사비기가 아닌 웅진기에 대통사 창건과 관련하여 남조 제와술로 제작되었음을 판단케 하고 있다.[27] 이러한 시기적 편년은 한편으로 드림새와 접합된 미구기와의 내부 언강 각도를 통해서도 확인할 수 있다. 즉, Bi형식의 미구기와는 수키와의 와신부와 언강의 내부가 거의 직각에 가깝게 제작되어 있다(도 29). 반면 사비기 부여 정암리 1호요 출토 수막새 미구기와(도 30)[28]의 경우는 와신부와 언강이 극히 완만하게 결합되어 있다. 정암리와요 출토 수막새가 6세기 전·중반으로 추정되고,[29] 이러한 제작기법이 사비기에 유행되었음을 볼 때 Bi형식의 미구기와에서 보이는 와신과 언강의 결합을 웅진기의 새로운 제작기법으로 이해하여도 별 무리는 없을 것이라 생각된다.[30] 따라서 드림새의

---

26) 國立扶餘博物館, 2010, 『百濟瓦塼』, 91쪽 사진 154.

27) 이는 Bi형식에서 보이는 드림새의 문양이 한성기 및 사비기, 그리고 웅진기의 공산성, 정지산유적 등에서 아직까지 검출된 바 없다는 점에서 중국의 남조 계통으로 이해할 수 있다.

28) 國立扶餘博物館, 1988, 『扶餘亭岩里가마터(Ⅰ)』, 10쪽 삽도 3-①. 이 수막새는 판단삼각돌기식으로 자방에 비해 화판이 작게 제작되었다. 자방은 돌출되어 있고, 연자는 1+4과의 배치를 보이고 있다.

29) 趙源昌, 2000, 「熊津遷都後 百濟瓦當의 變遷과 飛鳥寺 創建瓦에 대한 檢討」『嶺南考古學』 27, 141쪽.

30) 이러한 유단식 와통의 사례는 한성기 풍납토성의 C2형식에서도 찾아볼 수 있어 와통의 시기적 연속성을 파악해 볼 수 있다.
소재윤, 2013, 「풍납토성 평기와의 제작공정에 따른 제작기법 특징과 변화」『야외고고학』 제18호, 148쪽 표 9.

29

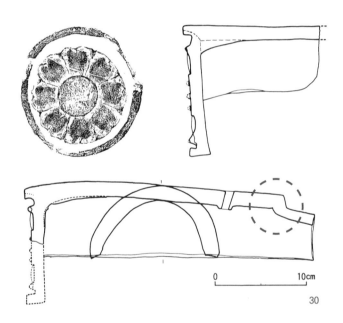

0   10cm

30

도 29. 공주 반죽동 197-4번지 유적 출토 Bi형식 마루수막새 와신부와 언강의 내부 결합 모습
도 30. 부여 정암리 1호요 출토 연화문 수막새

화판과 미구기와의 제작기법으로 보아 Bi형식은 대통사의 창건와로 사용되었음을 판단할 수 있다.

Bii형식은 Bi형식과 비교해 자방 내부의 연자 배치에서 차이가 보일 뿐 전체적인 형태는 유사하다. 따라서 이 형식도 Bi형식과 마찬가지로 대통사 창건와로 이해할 수 있다.

Biii형식과 Biv형식은 화판의 판단부와 연자 배치에서 차이를 보일 뿐 자방과 화판의 크기 비, 돌출된 자방과 연자수(1+8과), 주연부의 무문 등에서 서로 친연성을 보이고 있다. 앞에서 살핀 Bi·Bii형식과 비교해 화판 대비 자방의 크기가 커졌다는 점에서 사비천도 후 판단원형돌기·삼각돌기식(도 31)[31]의 수막새와 동일한 변화 양상을 나타내고 있다. 따라서 Biii·Biv형식은 판단원형돌기·삼각돌기식 와례와의 상대 비교를 통해 6세기 후반 무렵에 제작되었음을 추정할 수 있다.

자방에 비해 화판의 크기가 월등하게 큰 Bv형식은 백제 와박사가 일본 아스카데라(飛鳥寺)에서 제작한 와례(도 32·33)[32]들과 친연성이 있다.[33] 따라서 Bv형식은 6세기 말에 이르러 제작되었음을 판단해 볼 수 있다. 특히 Bv형식과 같이 자방이 작고 화판이 큰 연화문은 중국 남조의 진(陳)대 수막새(도 34)[34]에서도 확인되고 있어 6세기 말의 편년 설정에 큰 무리가 없다고 생각된다.

끝으로 Bvi형식은 앞의 와례들과 비교해 자방이 평판화 되었다는 특징을 가지고 있다. 이러한 자방의 평판화는 판단융기식 외에 판단원형돌기식 및 삼각돌기식에서도 쉽게 찾아볼 수 있다. 이의 제작은 시기성이 반영된 부여 부소산사지 등의 사례로 보아 7세기 이후에 이루어졌음을 추정할 수 있다.

---

31) 國立扶餘博物館, 2010, 『百濟瓦塼』, 249쪽 사진 668.
32) 國立扶餘博物館, 2010, 『百濟瓦塼』, 317쪽 사진 834 및 837.
33) 588년 백제 와박사는 사공, 노반박사, 화사와 함께 일본 아스카데라(飛鳥寺) 창건을 위해 파견되었다.
34) 유금와당박물관, 2010, 『중국육조와당』, 126쪽 사진 233.

도 31. 부여 정암리와요 출토 판단삼각돌기식 수막새
도 32. 일본 아스카데라(飛鳥寺) 출토 판단삼각돌기식 수막새(화조)
도 33. 일본 아스카데라(飛鳥寺) 출토 판단원형돌기식 수막새(성조)
도 34. 중국 남조 진(陳)대의 판단첨형식 수막새
도 35. 부여 금강사지 출토 판단원형식 수막새
도 36. 부여 금성산 출토 판단원형식 수막새
도 37. 부여 학리사지 출토 판단원형식 수막새

C형식은 판단원형돌기식으로 분류할 수도 있겠으나 전술한 A형식의 판단 문양(소주문)과 확연한 차이를 보인다는 점에서 판단원형돌기식으로의 분류는 적합지 않다고 생각된다. 이 형식은 드림새와 함께 미구기와가 수습되었으며, 수키와의 경우 언강의 내부가 Bⅰ형식과 마찬가지로 직각에 가깝게 제작되었다. 이러한 접합기법은 전술하였듯이 웅진기 기와에서 주로 볼 수 있는 속성으로 사비기의 그것과는 기본적인 차이가 있다. 아울러 돌출된 자방 내부에 연자가 없다는 점에서 중국 남북조의 연화문과 친연성이 있고, 화판 또한 Aⅰ형식과 마찬가지로 볼륨감을 유지하고 있다. 따라서 C형식 역시 대통사의 창건와로 판단해 볼 수 있다.

Dⅰ·Dⅱ형식은 연자 배치에서 차이가 날 뿐 두 드림새 모두 화판의 판단부를 둥글게 처리하였다. 이러한 형식의 수막새는 그 동안 부여 금강사지 및 왕흥사지, 학리사지, 금성산, 보령 천방유적 등에서 소량 수습된 바 있다.

그런데 부여 금강사지 출토 수막새(도 35)[35]의 경우 자방이 평판화 되고, 내부에 3열의 연자가 배치되어 있다는 점에서 7세기대의 수막새로 편년되고 있다.[36] 그리고 부여 금성산 출토 수막새(도 36)[37]는 평판화된 자방과 주연에 연주문이 시문되어 있다는 점에서 역시 7세기 이후의 와례로 판단되고 있다. 아울러 보령 천방유적 수막새의 경우도 자방이 평판화 되고, 화판에 비해 간판이 강조되었다는 점에서 7세기 이후의 수막새로 추정할 수 있다. 반면에 부여 학리사지 출토 수막새(도 37)[38]는 돌출된 자방에 원권대가 없고, 화판은 약하게 볼륨감을 보이고 있다. 앞에서 살핀 7세기

35) 國立扶餘博物館, 2010, 『百濟瓦塼』, 146쪽 사진 345.
36) 金誠龜, 1992, 「百濟의 瓦塼」 『百濟의 彫刻과 美術』, 317쪽.
  지금까지 자방 내 3열의 연자 배치는 대체로 7세기대 이후로 편년하였다. 그런데 중국 남북조시대 수막새를 보면 3열의 연자 배치가 적지 않게 확인되고 있다. 이로 보아 백제 사비기에 보이는 3열의 연자 배치는 중국 남북조의 영향으로 6세기 4/4분기 무렵에 유입되었을 가능성도 완전 배제할 수 없다. 따라서 이에 대해선 향후 재검토가 필요할 것으로 판단된다.
37) 國立扶餘博物館, 2010, 『百濟瓦塼』, 243쪽 사진 649.
38) 國立扶餘博物館, 2010, 『百濟瓦塼』, 215쪽 사진 559.

대의 와례들과 비교해 자방 및 주연 등에서 시기 차를 보여 6세기 후반의 와례로 편년할 수 있다.

D i 형식은 부여 학리사지 출토 수막새 및 중국 남경시구 건축공지에서 수습된 제·양대 수막새(도 38)[39]와 육조시대 수막새(도 39)[40] 등과의 비교를 통해 6세기 후반 무렵 중국 남조 제와술로 제작되었음을 판단케 한다. 다만, 출토량에서 사비기에 제작된 판단원형돌기식이나 삼각돌기식, 판단융기식, 판단첨형식 등에 비해 양이 적은 것으로 보아 큰 유행은 보지 못하였던 것으로 생각된다. 아울러 D ii 형식은 자방 외곽에서 1조의 원권대가 확인되는 것으로 보아 6세기 말 무렵에 제작된 수막새로 추정된다.[41]

판단첨형식인 E i 형식은 범상으로 인해 침선이 무뎌 있지만 상부가 짧고 각이 져 있다는 점에서 '↑'형태임을 추정할 수 있다. 그 동안 백제의 고토에서 수습된 판단첨형식은 대략 세 가지로 구분할 수 있는데, 첫 번째는 화판의 판단 중앙부에 짧은 침선을 두어 첨형을 띠도록 한 것이고,[42] 두 번째는 화판 내부의 중상부에 침선을 두어 주연부를 향해 길게 시문한 경우이다.[43] 그리고 마지막으로 세 번째 형식은 화판 자

---

39) 賀云翔, 2005, 『六朝瓦當与六朝都城』, 彩版 8.

40) 유금와당박물관, 2010, 『중국육조와당』, 122쪽 사진 227.

41) 이러한 편년적 근거는 부여 왕흥사지 출토 치미를 통해 판단해 볼 수 있다. 즉, 치미의 표면에는 연화문(도 40)이 장식되어 있는데 자방 외곽에 1조의 원권대가 시문되어 있다. 치미는 목탑지 공양석 출토 청동제 사리합의 명문으로 보아 577년 무렵에 제작되었음을 알 수 있다. 왕흥사지 치미에 관한 자료는 아래의 것을 참조.
국립부여문화재연구소 외, 2018, 『치미 하늘의 소리를 듣다』.

42) 부여 용정리사지(도 41) 외에 공주 주미사지, 부여 관북리 백제유적, 군수리사지, 능산리사지, 정림사지, 동남리유적, 부소산성, 궁남지 등에서 유사한 형식의 수막새를 볼 수 있다. 용정리사지 출토 수막새는 백제 웅진기로 편년된 바 있다.
조원창, 2003, 「百濟 熊津期 扶餘 龍井里 下層 寺院의 性格」 『韓國上古史學報』 42호.

43) 부여 금성산 건물지(도 42) 외에 구교리사지, 동남리유적, 정림사지, 정암리와요 등에서 출토된 바 있다. 금성산 건물지 출토 수막새의 제작 시기는 자방의 평판화로 보아 7세기 이후로 생각된다.

도 38. 중국 남경 건축공지 출토 제·양대 판단원형식 수막새
도 39. 중국 남경 출토 육조시대 판단원형식 수막새
도 40. 부여 왕흥사지 출토 치미에 장식된 연화문
도 41. 부여 용정리사지 출토 판단첨형식 수막새
도 42. 부여 금성산 건물지 출토 판단첨형식 수막새
도 43. 부여 금강사지 출토 판단첨형식 수막새
도 44. 중국 남경 출토 남조 송대 수막새
도 45. 중국 남경 출토 제·양대 수막새

체를 뾰족하게 제작하여 첨형을 이루도록 한 것이다.[44]

이 세 가지 형식 중 Ei형식은 두 번째 사례에 해당되고 있다. 그러나 기존의 판단 첨형식이 '↑'형이 아닌 모두 '│'형이라는 점에서 시문상의 큰 차이가 발견된다. 아울러 Ei형식은 화판과 화판 사이의 간판 역시도 '↑'형을 띠고 있어 기존의 'T'형이나 '▼'형과 기본적인 차이를 보여주고 있다. 이는 결과적으로 그동안 발굴조사된 판단 첨형식과는 문양이 전혀 다름을 확인케 한다.

그런데 '↑'형의 침선이 중국 남조 수막새(도 44·45)[45]에서 어렵지 않게 살필 수 있는 문양 요소라는 점에서 무척 흥미롭다. 침선은 Ei형식과 마찬가지로 간판과 화판 모두에서 확인되고 있다. 다만, '↑'문양이 화판 전체에 시문되어 있다는 점에서 금번 대통사 수막새와는 세부적 차이가 발견된다. 이처럼 Ei형식은 간판과 화판에서의 '↑'문양을 통해 그 계통이 중국 남조에 있었음을 파악케 한다. 그리고 웅진기 및 사비기의 모든 수막새에서 '↑'형태의 간판이 아직까지 검출된 바 없다는 사실은 웅진기 단기간에 제작되다 사비기에 이르러 '│'형으로 변화되었음을 알게 한다. 따라서 Ei형식은 중국 남조의 제와술을 받아 대통사 창건와에 사용된 새로운 문양임을 살필 수 있다.

---

44) 부여 금강사지(도 43, 百濟文化開發硏究院, 1983, 『百濟瓦塼圖錄』, 18쪽 사진 8) 외에 구아리사지 및 왕흥사지 등에서도 검출된 바 있다. 금강사지 출토 수막새는 자방이 평판화 되어 있고, 화판에 비해 간판이 강조되어 있다. 이러한 속성을 보이는 연화문은 중국 하북성 임장현 출토 동위~북제시대의 수막새와 친연성을 보인다(유금와당박물관, 2011, 『중국위진북조와당』, 42쪽 사진 31). 이는 동일 사지 출토 자방 이형문 수막새와 더불어 북조의 제와술로 제작되었음을 판단케 한다. 자방의 평판화로 보아 금강사지 출토 수막새의 제작 시기는 7세기 이후로 판단된다. 금강사지 출토 자방 이형문 와당에 관한 논고는 아래의 자료를 참조.
조원창, 2011, 「부여 금강사지 출토 자방 이형문 백제와당의 편년과 계통」 『충청학과 충청문화』 12권.

45) 유금와당박물관, 2010, 『중국육조와당』, 79쪽 사진 137.
賀云翺, 2004, 「南朝時代 建康地域 蓮花紋 瓦當의 變遷 과정 및 관련 문제의 硏究」 『漢城期 百濟의 물류시스템과 對外交涉』, 158쪽 도 20·21.
賀云翺, 2005, 『六朝瓦當与六朝都城』, 彩版 6.

Eii형식은 화판 주변의 화륜권과 화판과 주연부 사이의 거치문, 그리고 주연부의 연주문 등을 특징으로 하고 있다. 여기서 화륜권과 주연부의 연주문은 남조 수막새에서 쉽게 살필 수 있는 문양 요소이나 거치문의 경우는 상대적으로 드문 사례에 해당되고 있다. 여기에서는 중국 남북조의 와례를 통해 그 계통을 파악해 보고자 한다.

중국 남북조시대의 와례 중에는 화판과 주연부 사이에서 연주문[46]을 비롯한 거치문(삼각형문, 도 46),[47] 일('ㅣ')자문,[48] 초문,[49] 기하학문[50] 등이 시문되어 있음을 살필 수 있다. 이 중 거치문의 사례는 연주문이나 일자문, 초문 등에 비해 많지 않은 편이고, 문양의 조합면에서도 연화문 보다는 운문과 결합하는 경우가 적지 않다.

Eii형식처럼 화륜권과 거치문, 연주문이 결합된 연화문 수막새는 그 동안 웅진기의 공산성이나 정지산유적, 그리고 사비기의 부여 및 익산, 기타 지역에서 아직까지 검출된 바 없다. 아울러 통일신라기의 수막새에서조차 이러한 문양 조합은 쉽게 확인할 수 없다. 그런 점에서 Eii형식은 대통사 창건을 계기로 남조 제와술로 제작된 수막새임을 판단해 볼 수 있다. 아울러 대통사 이외의 웅진기 유적 및 사비기 유적에서도 아직까지 이러한 와례가 검출되지 않았다는 점에서 대통사 창건기에만 한시적으로 사용된 수막새임을 추정케 한다.[51]

---

46) 유금와당박물관, 2010, 『중국육조와당』, 156쪽 사진 283.

47) 유금와당박물관, 2010, 『중국육조와당』, 85쪽 사진 151. 중국 남경에서 출토된 육조시대 수막새이다.

48) 유금와당박물관, 2010, 『중국육조와당』, 16쪽 사진 6. 판구의 인면문과 주연문 사이에 'ㅣ'자문이 장식되어 있다.

49) 유금와당박물관, 2010, 『중국육조와당』, 140쪽 사진 255.

50) 유금와당박물관, 2010, 『중국육조와당』, 143쪽 사진 258.

51) 주연부의 연주문대 만을 고려해 볼 때 이 형식은 7세기대 사비기의 유물로 편년하는 것이 무리가 없다고 생각된다. 그러나 화판 외곽의 거치문과 첨형식의 화판, 역삼각형 모양의 간판 등을 종합해 볼 때 이와 비교할만한 사비기의 수막새는 찾아보기 어렵다. 따라서 현재 출토된 유물 상호간의 비교와 중국 남조 수막새와의 검토를 통해 잠정이나마 이를 대통사 창건와로 추정해 보았다. 향후 이에 대한 면밀한 검토를 이어가고자 한다.

도 46. 중국 남경 출토 연화문+거치문 수막새(남북조시대)

도 47. 부여 중정리유적 출토 수막새

도 48. 부여 금강사지 출토 수막새

도 49. 부여 군수리사지 출토 수막새

도 50. 중국 동진말~유송대 수막새

도 51. 중국 제~양대 수막새

도 52. 중국 진대 수막새

돌대식인 Fi형식은 수막새[52] 외에 원주 법천리 4호분 출토 청동개 뚜껑 및 고령 고아동 고분벽화에서도 살필 수 있다.[53] 이 형식은 화판의 제작 방법에 따라 다시 세 가지 형식으로 세분할 수 있다. 첫 번째는 부여 중정리유적(도 47)[54] 출토 와례와 같이 판단부를 융기시키는 방법이고, 두 번째는 Fi형식처럼 화판의 상면을 평평하게 제작하는 방법이다(도 48).[55] 그리고 마지막으로 세 번째는 돌대가 판단부의 삼각돌기와 결합하는 형식이다(도 49).[56] 그 동안의 수막새 연구를 통해 첫 번째 형식은 6세기 말 무렵, 두 번째는 첫 번째 형식에 후행하는 6세기 말 이후, 그리고 마지막으로 세 번째 형식은 7세기 이후로 편년된 바 있다.[57]

그런데 이러한 Fi형식은 일찍이 중국 남조에서 다양하게 제작되어 소개해 보고자 한다. 즉 동진말~유송대의 수막새(도 50)[58]는 간판이나 화판에서 새발자국 혹은 '↑'처럼 생긴 문양들이 첨가되어 이후 시기의 것과 큰 차이를 보이고 있다. 그리고

---

52) 부여 군수리사지를 비롯해 금강사지, 부소산 광장 서문지, 용정리, 동남리 등지에서 수습된 바 있다.

53) 연화문에 대한 시기적 검토는 아래의 논고를 참조.
趙源昌, 2004,「法泉里 4號墳 出土 青銅蓋 蓮花突帶紋의 意味」『百濟文化』33.
趙源昌, 2008,「연화문으로 본 고령 고아동 대가야 벽화고분의 추가장 시기 검토」『百濟文化』39.

54) 國立扶餘博物館, 2010,『百濟瓦塼』, 239쪽 사진 627.

55) 부여 관북리 백제유적 및 금강사지, 부소산성 서광장 서문지, 동남리, 용정리 등에서 살필 수 있다.
國立扶餘博物館, 2010,『百濟瓦塼』, 148쪽 사진 359.

56) 부여 군수리사지, 금강사지 등에서 볼 수 있다.
百濟文化開發研究院, 1983,『百濟瓦塼圖錄』, 212쪽 사진 414.

57) 이러한 Fi형식의 제작 시기는 백제 및 경주 황룡사지 출토 수막새와의 비교를 통해 검토된 바 있다.
신창수, 1987,「皇龍寺址 出土 新羅기와의 編年」, 단국대학교 석사학위논문.
趙源昌, 2004,「法泉里 4號墳 出土 青銅蓋 蓮花突帶紋의 意味」『百濟文化』33.
趙源昌, 2006,「皇龍寺 重建期 瓦當으로 본 新羅의 對南朝 交涉」『韓國上古史學報』52호.

58) 유금와당박물관, 2010,『중국육조와당』, 94쪽 사진 175.

제·양대(도 51)⁵⁹⁾에는 화판의 판단부가 약간 곡절되거나 형식화된 마름모형의 간판이 제작되고 있다. 마지막으로 진대(도 52)⁶⁰⁾에는 직선화된 화판의 외곽에 권선(화륜권)이 등장하고 있다. 이러한 다양한 남조 수막새는 Fⅰ형식의 계통이 일찍이 중국 남조에 있었음을 알게 하고, 6세기 말 백제에 유입되었음을 판단케 하고 있다.

Fⅱ형식은 지금까지 출토된 돌대식과는 전혀 다른 문양을 하고 있어 직접적인 비교대상을 찾기가 쉽지 않다. 다만, 이와 친연성이 있는 수막새로 서천 신산리(도 53)⁶¹⁾ 및 부여 구아리사지(도 54)⁶²⁾ 출토품 등을 예시할 수 있다.⁶³⁾ 이들 와례의 경우 화판은 단면 '▲'형에 가깝고, 자방 외곽으로 요구(凹溝)가 있으며, 화판 주변으로는 화륜권⁶⁴⁾이 장식되어 있다. 그리고 전자의 사례에서는 화판과 주연 사이에서 1조의 원권대도 볼 수 있다.

그런데 서천 신산리 수막새의 경우 간판이 삼각돌기로 형식화 되어 있고, 판구보다 높은 주연, 그리고 주연부에 연주문이 시문되어 있지 않다는 점에서 Fⅱ형식과 형태상의 차이를 보이고 있다. 아울러 구아리사지 수막새의 경우도 화판 외곽의 원권대 및 연주문 등이 표현되지 않았다는 점에서 Fⅱ형식과 기본적인 차이를 발견할 수 있다. 서천 신산리 출토 수막새는 공반 출토된 판단삼각돌기식 수막새(도 55)⁶⁵⁾와의

---

59) 賀云翔, 2005, 『六朝瓦當与六朝都城』, 채판 7.

60) 유금와당박물관, 2010, 『중국육조와당』, 151쪽 사진 277.

61) 國立扶餘博物館, 2010, 『百濟瓦博』, 245쪽 사진 657.

62) 이 와례는 화판 내부에 돌대가 있는 판단첨형식으로 화판 횡단면이 '▲'형에 가깝고, 자방과 화판 사이에 요구가 형성되어 있다.
    國立扶餘博物館, 2010, 『百濟瓦博』, 131쪽 사진 289.

63) 세부 문양에 차이가 있으나 이러한 문양 요소는 중국 남조 수막새에서도 찾아볼 수 있다. 즉, 자방 외곽에 원권대가 있고, 화판 판단부가 첨형이면서 종방향으로 돌대가 그어져 있다. 그리고 횡단면이 '▲'형에 가깝고, 화판 주변으로는 화륜권이 장식되어 있다.
    南京市博物館, 2004, 『六朝風采』, 文物出版社, 388쪽 사진 308.

64) 김성구가 사용한 용어로서 화판 주위를 장식한 돌대문이다.

65) 1+4과의 연자 배치에 화판 대비 자방이 크게 제작되었다. 이러한 연화문은 6세기 3/4분기

도 53. 서천 신산리 출토 수막새
도 54. 부여 구아리사지 출토 수막새
도 55. 서천 신산리 출토 판단삼각돌기식 수막새
도 56. 부여 전 천왕사지 출토 수막새에 시문된 화륜권
도 57. 전 평양 출토 수막새에 시문된 화륜권

비교를 통해 6세기 3/4분기 무렵에 제작되었을 가능성이 높다. 그리고 구아리사지 출토 수막새는 자방 외곽의 요구로 보아 6세기 후반~말 무렵의 와례로 파악해 볼 수 있다.

아울러 화판 주변에서 확인되는 화륜권은 위의 와례 외에도 사비기의 부여 정림 사지[66] 및 전 천왕사지 출토 수막새(도 56),[67] 동국대학교박물관 소장 연화문 수막 새[68] 등과 전 평양 출토 고구려 수막새(도 57)[69] 등에서 확인되고 있다.[70]

이상으로 보아 지금까지 검출된 백제 수막새 중 Fⅱ형식과 문양을 비교할 수 있는 유물은 찾아보기 어렵다. 그런 점에서 주목할 수 있는 수막새가 바로 남경시 말릉로 (秣陵路) 출토 남조 수막새(도 58)[71]이다. 이 와례는 탁본으로 표현되어 정확한 화판 형 태는 살필 수 없다. 다만, 일부 화판의 끝부분이 뾰족하게 표현되어 있다는 점에서 판단첨형임을 알 수 있다. 자방 외곽에는 1조의 원권대가 시문되어 있고, 내부에는 4 열의 연자가 배치되어 있다. 그리고 주연은 결실되었지만 화판과 주연 사이에 내외 1조의 원권대가 있고, 그 내부에 연주문이 장식되어 전체적인 문양조합이 Fⅱ형식과 친연성이 있음을 살필 수 있다. 다만, 간판이 생략된 점, 화판과 자방 사이의 내부 원 권대가 2조가 아닌 1조인 점, 그리고 화판 주변의 화륜권이 장식되지 않은 점 등은 F ⅱ형식과 세부적 차이를 느끼게 한다. 하지만 위의 문양 요소들이 다른 남조 수막새 에서 흔히 관찰된다는 점에서 Fⅱ형식의 계통이 남조에 있었음은 확실하다고 할 수 있다.

의 부여 정암리와요에서 제작된 바 있다.

66) 國立扶餘博物館, 2010,『百濟瓦塼』, 212쪽 사진 548.

67) 百濟文化開發研究院, 1983,『百濟瓦塼圖錄』, 100쪽 사진 164.

68) 동국대학교박물관, 2006,『동국대학교 건학 100주년기념 소장품도록』, 145쪽 사진 152.

69) 경희대학교 중앙박물관, 2005,『고구려와당』, 44쪽 사진 29.

70) 화륜권은 중국 남북조 수막새에서 흔히 살필 수 있는 문양 요소이다.

71) 賀云翺, 2005,『六朝瓦當与六朝都城』, 47쪽 도 29-2.

한편, Fⅱ형식에서 살펴지는 주요 문양 요소, 즉 판단첨형의 화판과 화륜권, 자방 외곽의 원권대, 주연부의 연주문 등은 중국 하북성 정주 출토의 동위~북제시대 수막새(도 59)[72]에서도 관찰되고 있다. 이러한 문양의 친연성은 한편으로 남조 수막새의 세부 속성들이 백제 웅진기 대통사 뿐만 아니라 북조에도 영향을 미쳤음을 추정케 한다.

Fⅱ형식은 문양의 조합면에서 중국 남조의 와례와 직접적 관련성이 있다는 점에서 대통사 창건와로 사용되었을 가능성이 높다.[73] 그리고 이러한 문양의 세부적 속성은 사비기의 서천 신산리유적 및 구아리사지, 그리고 신라시대의 경주 인왕동 807-4번지 유적 수막새(도 60)[74] 등에도 일부 영향을 미쳤던 것으로 이해할 수 있다.

마지막으로 무문인 G형식은 백제 사비기에 등장한 와례로 제작 시기는 7세기대로 파악되고 있다.

---

72) 유금와당박물관, 2011, 『중국위진북조와당』, 77쪽 사진 109. 단판 8엽 연화문 수막새로 화판은 단면 '▲'형으로 판단첨형이다. 화판 외곽으로는 화륜권이 장식되어 있다. 간판은 '▼'형으로 판근이 자방에까지 이어져 있지 않다. 자방 외곽으로 1조의 원권대가 돌아가고 있으며, 내부에는 1+6과의 연자가 배치되어 있다. 주연 높이는 0.5cm로 낮은 편이고, 상면에는 연주문대가 시문되어 있다.

73) Fⅱ형식은 주연부에 연주문이 장식되었다는 특징이 있다. 이러한 연주문대는 부소산성 출토 금동광배나 외리유적 출토 전돌, 왕흥사지 출토 수막새 등과 같이 그 동안 사비기의 7세기대 유물에서 주로 확인되었다. 그런 점에서 Fⅱ형식을 7세기대 이후의 와례로도 추정해 볼 수 있다. 하지만 화판 외곽 및 주연 모두에 연주문대가 시문된 사례는 웅진기 뿐만 아니라 그 동안의 사비기 수막새에서도 찾아볼 수 없는 시문 요소에 해당되고 있다. 이로 보아 남조 수막새의 원형을 모델로 하여 제작된 대통사 창건와가 아닌가 생각된다. 이러한 짧은 시기의 등장과 폐기는 한편으로 본고의 판단융기식인 Bⅰ형식에서도 찾아볼 수 있어 특이한 사항은 아니라고 생각된다. 이 와례의 경우 동 시기 공산성에서 검출된 판단융기식과 전혀 다른 문양으로서 대통사 이외의 다른 공주 및 부여지역의 웅진기 유적에서 아직까지 검출된 바가 없다. 따라서 Fⅱ형식은 Bⅰ형식과 마찬가지로 웅진기 대통사에 제한적으로 사용된 수막새 형식으로 이해할 수 있다.

74) 國立慶州博物館, 2000, 『新羅瓦塼』, 414쪽 사진 1379. 이 수막새의 경우 화판이 '▲'형에 가깝고, 주연부를 돌출시키지 않는 대신 상하 2조의 원권대를 설치하여 표현하였다. 주연부에서는 희미하게 연주문이 시문되었음을 살필 수 있다.

도 58. 중국 남경 말릉로 출토 남조 수막새
도 59. 중국 정주 출토 동위~북제시대 수막새
도 60. 경주 인왕동 807-4번지 유적 출토 신라 수막새
도 61. 중국 전국시대 제(齊)나라 운문 수막새의 전면과 후면의 원통접합후분할법(圓筒接合後分割法)

전술한 내용으로 보아 백제 웅진기 대통사의 창건와는 판단원형돌기식을 비롯해 판단융기식, 판단돌기식, 돌대식, 판단첨형식 등 다양함을 살필 수 있다.[75] 특히 이러한 형식들이 한성기 수막새에서 거의 발견되지 않았다는 점은 이들 와례가 웅진기에 중국 남조의 제와술로 새롭게 제작되었음을 판단케 한다. 이러한 중국 남조 제와술의 대통사 전파는 한편으로 '대통'명 인각와, 지두문 암막새, 마루수막새, 소조상 등을 통해서도 충분히 확인해 볼 수 있다.[76]

---

75) 그 동안 수습된 한성기 수막새의 문양은 연화문, 수지문, 전문, 우점문, 기하문, 수면문 등 크게 11종으로 분류된다고 한다.

정치영, 2019.02.22, 「백제 제와술의 발달에 따른 건축의 지붕 의장 연구」 『백제시대 건물지 지상구조 고증을 위한 학술포럼』, 113~114쪽.

그런데 이들 문양의 경우 연화문 일색인 공주시 반죽동 197-4번지 출토 웅진기 와례들과는 큰 차이를 보이고 있어 수막새 문양의 연계성을 찾아보기 어렵다. 특히 L-2, L-3형식으로 분류된 돌대식과 첨형식은 필자의 경우 백제가 아닌 고구려 및 통일신라의 수막새로 살펴본 바 있다. 왜냐하면 고구려 및 백제에서 관찰되는 대부분의 문양이 중국 남북조시대의 와례들과 밀접하게 관련되어 있고, 이는 제작기법 측면에서도 불가분의 관계에 있다고 생각되었기 때문이다.

특히 한성기 수막새 제작기법의 대부분을 차지하였던 圓筒接合後分割法(혹은 圓筒絶裁式)의 경우 중국에서는 이미 전국시대(B.C475년~B.C221년) 부터 등장하고 있다(도 61, 유금와당박물관, 2017, 『중국와당 : 제 · 연』, 108쪽 사진 99). 이러한 기법은 진 · 한대를 거쳐 남북조시대에 이르러 고구려 및 백제에도 전파되었음을 판단케 한다. 따라서 수막새의 제작기법만을 가지고 삼국의 國籍을 논한다는 것은 또 다른 오류에 빠질 가능성이 높다. 왜냐하면 금번 197-4번지에서 수습된 대통사 수막새가 문양이나 제작기법(접합기법 포함) 측면에서 생각보다 다양하게 확인되었기 때문이다. 결국 접합기법에 대한 연구자 간의 갈등을 해소하기 위해선 일정량의 표본 조사가 아닌 고구려 수막새에 대한 전반적인 연구가 먼저 선행되어야 할 것으로 생각된다.

조원창, 2008, 「몽촌토성 출토 전 백제와당의 제작주체 검토」 『先史와 古代』 29.

최영희, 2010, 「新羅 古式수막새의 製作技法과 系統」 『韓國上古史學報』 제70호, 109쪽.

76) 이러한 새로운 기와의 등장은 남조 장인들과 밀접한 관련이 있었을 것으로 생각된다. 아울러 대통사의 창건에는 와공 뿐만 아니라 조사공과 화공(사)들의 유입도 충분히 예견해 볼 수 있다. 이는 왕궁으로 추정되는 공주 공산성이나 빈전으로 생각되는 정지산유적 등에서 위의 와례들이 검출되지 않는 것으로 이해할 수 있다.

사실 백제 웅진기 사회에서 중국 남조 장인의 유입은 그리 낯설지 않은 풍경이었을 것이다.

표 1. 대통사 창건와와 보수와

구분	창건와 (527년경)	보수와		
		6세기 3/4분기	6세기 4/4분기	7세기
A형식 (판단원형돌기식)	Ai형식	Aⅱ형식		
B형식 (판단융기식)	Bi형식 Bⅱ형식	Bⅲ형식 Biv형식	Bv형식	Bvi형식
C형식 (판단돌기식)	C형식			

구분	창건와 (527년경)	보수와		
		6세기 3/4분기	6세기 4/4분기	7세기
D형식 (판단원형식)		 Di형식	 Dii형식	
E형식 (판단첨형식)	 Ei형식			
	 Eii형식			
F형식 (돌대식)	 Fii형식		 Fi형식	
G형식 (소문식)				 G형식

이와 같은 다양한 형식의 창건와는 중국 남조 양나라의 제와술이 대통사 축조와 관련하여 짧은 기간, 집중적으로 전파되었음을 짐작케 한다. 이는 일찍이 무령왕대에 양 무제가 전축분의 축조를 위해 기술자를 파견한 것과도 비교된다고 할 수 있다.[77] 이러한 파격적인 남조 장인의 파견은 양 무제의 연호였던 '대통'과 밀접한 관련이 있었을 것으로 판단된다. 즉, 일상적인 외교관계를 뛰어넘는 양 무제의 관심이 대통사에 그대로 반영된 결과가 아닌가 생각된다.

이상의 내용을 중심으로 공주시 반죽동 197-4번지에서 수습된 대통사 수막새를 창건와와 보수와로 구분하면 표 1과 같다.

나가는 말

이상으로 대통사지로 추정되는 공주시 반죽동 197-4번지 유적에서 수습된 수막새에 대해 살펴보았다. 이들 와례는 한성기의 문양과 달리 판단원형돌기식, 판단융기식, 판단돌기식, 판단첨형식, 판단원형식, 돌대식 등 중국 남조의 수막새 문양과 친연성을 보이고 있다. 이는 아마도 지두문 암막새, 마루수막새, 소조상 등의 사례로 볼 수 있는 바와 같이 남조 제와술로 제작되었음을 판단케 한다.

금번 발굴조사 과정에서 수습된 수막새 중 판단원형돌기식, 판단융기식, 판단돌기식, 판단첨형식, 돌대식 등은 대통사 창건와로 파악할 수 있다. 이 중 다수를 차지하는 것이 판단원형돌기식과 판단융기식인데 후자의 경우 공산성에서 검출된 기존의 웅진기 와례와 문양면에서 여러 차이를 보이고 있다. 아울러 이들 형식은 백제 사비

이는 대통사를 창건하였던 성왕 아버지의 무덤인 무령왕릉에서도 찾아볼 수 있기 때문이다.

77) 이는 송산리 6호분 출토 '양관와위사의'명 전돌을 통해 확인할 수 있다. 이 명문에 대해선 '梁宣以爲師矣'로 해석되기도 한다.

조윤재, 2008, 「公州 宋山里6號墳 銘文塼 판독에 대한 管見」『湖西考古學』 제19집.

기 유적뿐만 아니라 신라의 월성 및 육통리가마, 일본 아스카데라(飛鳥寺) 등지에서도 발견되고 있어 백제 대통사의 제와술이 6세기 전·후반기 주변국에 큰 영향을 미쳤음을 확인케 한다.

한편, 이러한 다양한 형식의 수막새 제작은 중국 남조 와공의 백제 파견을 짐작케 하고 있다. 이는 한성기 및 웅진기의 다른 유적에서 수습된 바 없는 지두문 암막새, 마루수막새, 소조상 등의 유물을 통해서도 파악해 볼 수 있다. 이들 유물은 와공과 조불공 뿐만 아니라 마루수막새의 지붕 즙와와 관련된 조사공까지를 포함하고 있어 의미하는 바가 자못 크다. 이러한 대규모의 장인 파견은 588년 대화정권의 실권자였던 소가노우마꼬(蘇我馬子)의 요청으로 백제에서 일본으로 건너간 장인들의 사례와도 아주 흡사하다고 할 수 있다.

대통사는 백제 웅진기 뿐만 아니라 백제사에 있어 가장 대표적인 사찰이었음을 짐작할 수 있다. 이는 출토된 수막새 및 소조상, 연함의 단청, 회벽 등의 존재를 통해 유추해 볼 수 있다. 하지만 최근까지의 조사 내용을 보면 사찰과 관련된 중문지나 회랑지, 탑지, 금당지, 강당지 등의 유구는 전혀 검출되지 않았다. 따라서 향후에도 대통사 탐색을 위한 발굴 작업은 계속 진행되어야 할 것으로 판단된다. 그리고 사찰 존재의 확인을 위해 초석이나 적심석, 기단석 등의 유구 확인뿐만 아니라 층위에 대한 분석도 함께 고민할 필요가 있다. 왜냐하면 대통사지로 추정된 반죽동 및 봉황동, 금학동 일원의 경우 학교와 소규모 주택 등이 자리하고 있다. 이들을 모두 철거한 후 대규모 발굴을 진행하는 것이 가장 효과적이나 현실적으로 이것은 불가능한 실정이다. 따라서 층위 파악을 위한 조사원들의 숙련도와 고민이 앞으로도 계속적으로 이루어져야 할 것으로 사료된다.[78]

---

78) 이 글은 조원창, 2019, 「백제 웅진기 대통사 창건 수막새의 형식과 계통」『白山學報』第115 號의 내용을 일부 정리한 것이다.

03
백제 대통사 수막새의 제작과
중국 남조

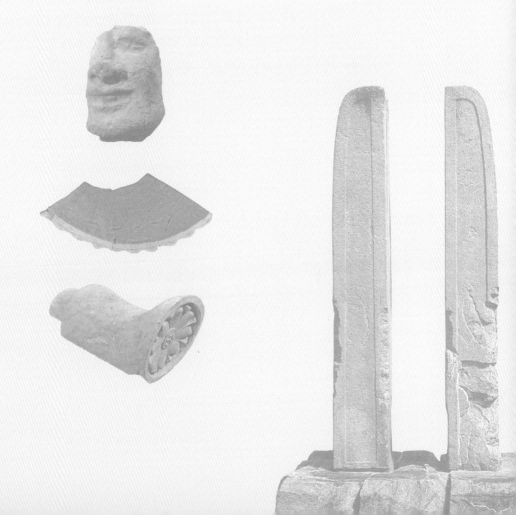

들어가는 말

최근 충청남도 공주시 반죽동 일원에 대한 발굴조사[1]를 통해 백제~고려시대의
'대통(大通)'[2] 및 '대(大)'명 인각와와 '대통사(大通寺)'명, '대통지사(大通之寺)'명 명문와 등
이 수습되고 있다. 특히 판단융기식 및 판단원형돌기식, 판단돌기식, 판단첨형식 등
의 연화문 수막새는 마루수막새 및 유단식 암막새, 지두문 암막새, 소조상 등과 함께
백제 웅진기 대통사의 창건 유물로 판단되었다.[3]

---

1) 반죽동 일원에 대한 조사 내용 및 성과는 아래의 자료를 참조.
   公州大學校博物館·忠淸南道 公州市, 2000, 『大通寺址』.
   공주대학교박물관, 2011.11, 「공주 대통사지 시굴(탐색)조사 약보고서」.
   한일문화유산연구원, 2018.06, 「공주 반죽동 197-4번지 한옥신축부지 내 유적 소규모 국비
   지원 발굴조사 약식보고서」.
   嘉耕考古學研究所, 2019.05, 「공주 반죽동(204-1번지 일원) 제2종근린생활시설 신축부지
   내 유적(국비) 발굴조사 약식보고서」.
   충청남도역사문화연구원, 2019.09, 「공주 대통사지 추정지(3지역) 학술발굴조사 중간 자문
   회의 자료집」.
   한국문화재재단, 2019.10, 「현장공개설명회 자료집〔공주 반죽동 205-1번지 유적〕」.
   충청남도역사문화연구원, 2019.10, 「공주 반죽동〔221-1번지〕 대통사지 추정지 시굴조사
   개략보고서」.
   '대통(大通)'명 인각와는 일제강점기 반죽동 일원 및 반죽동 197-4번지(2018년) 및 176번지
   (2019년) 등에서 수습되었고, '대(大)'명 인각와는 반죽동 197-4번지(2018년) 및 205-1번지
   (2019년) 등에서 검출되었다. 그리고 '대통사(大通寺)'명 명문와는 고려시대의 것으로 반죽
   동 176번지에서 출토되었다.
   한편, 지금까지의 발굴조사 결과 유물 이외에 대통사지와 관련된 중문지나 목탑지, 금당지,
   강당지, 승방지 등의 유구 형적은 아직까지 확인된 바 없다.
2) '대통(大通)'은 중국 남조 양 무제의 연호로 527~529년에 사용되었다. 대통사는 웅천주(공
   주, 熊津)에 창건된 사찰로 존속 시기는 출토 유물로 보아 백제 웅진기~고려 중기로 추정되
   고 있다.
3) 조원창, 2019, 「공주 반죽동 추정 대통사지 발굴조사 내용과 성과」 『百濟文化』 제60집.

대통사를 비롯한 백제 웅진기의 기와 연구는 한성기나 사비기에 비해 상대적으로 일천한 편이다. 일부 수막새 문양 및 접합기법⁴⁾ 등을 제외하곤 이의 세부 제와술 등에 대해선 거의 알려진 것이 없다. 특히 웅진기 수막새에 부착된 수키와가 출토되지 않아 웅진기의 수키와 및 암키와에 대한 연구는 거의 전무한 실정이다. 물론 이러한 웅진기 기와 연구의 쇠퇴는 해당 시기 기와의 판별 불능과 기와 연구자의 부족도 큰 몫을 차지하였을 것으로 생각된다. 특히 일제강점기 이후 공주지역의 유적 조사가 건물지보다는 고분이나 산성 등에 중점을 두었던 것과도 밀접한 관련이 있을 것으로 생각된다.⁵⁾

최근까지 백제 고토지역에서 수습된 백제 수막새의 접합기법은 크게 5가지로 분류해 볼 수 있다.⁶⁾ 이 중 한성기에는 원통접합후분할법이 널리 유행하였다. 이것은

소조상의 조성 시기에 대해 문명대 선생님께서는 예산 사면석불에 앞서는 웅진기로 말씀해 주셨다. 지면으로나마 감사한 마음을 전하고자 한다.

4) 朴容塡, 1970, 「公州出土의 百濟瓦當에 關한 研究」『百濟研究』 제1집.
   朴容塡, 1976, 「百濟瓦當의 體系的 分類 -수막새기와를 中心으로-」『百濟文化』 제9집.
   李南奭, 1988, 「百濟 蓮花文瓦當의 一研究 -公山城 王宮址出土品을 中心으로-」『古文化』 제32집.
   송현정, 2000, 「백제 수막새의 편년과 변천에 관한 연구」, 공주대학교 대학원 사학과 석사학위논문.
   戶田有二, 2001, 「百濟の鐙瓦製作技法について[Ⅰ]」『百濟文化』 제30집.
   淸水昭博, 2003, 「百濟 大通寺式 수막새의 성립과 전개 -中國 南朝系 造瓦技術의 전파-」『百濟研究』 제38집.
   최은영, 2010, 「백제 웅진시대 연화문와당에 대한 일고찰」, 공주대학교 대학원 석사학위논문.
   이희준, 2013, 「백제 수막새기와의 속성 분석-공주지역 출토품을 중심으로-」, 공주대학교 대학원 석사학위논문.
   이병호, 2018, 「공주 지역 백제 수막새의 특징과 계통」『百濟文化』 제58집 등이 있음.
5) 특히 고분 조사가 눈에 띤다. 이는 일제강점기 가루베 지온(輕部慈恩)을 필두로 하여 해방 이후에는 안승주, 강인구, 이남석 등을 중심으로 백제고분 연구가 활발히 진행되었다.
6) 최영희는 드림새와 수키와(등기와)의 접합기법에 대해 원통접합후분할법, 수키와가공접합법, 수키와피목접합법, 수키와삽입접합법 등으로 세분한 바 있다.

드림새에 점토띠 및 점토판으로 제작된 원통을 붙이고 이를 다시 'ㄴ'자 모양으로 분할한 것으로서 한 매의 원통 수키와가 한 매의 수막새 제작에만 사용되었다. 이에 반해 수키와가공접합법과 수키와피복접합법, 수키와삽입접합법, 수키와가공접합법+수키와피복접합법[7] 등은 한 매의 원통 수키와를 두 매로 절단하여 각각의 수막새 제작에 사용하였다. 이렇게 볼 때 후자의 접합기법은 전자에 비해 효율적이면서 경제성이 담보된 제작기술이었음을 확인할 수 있다.

최근까지 확인된 한성기의 수막새 접합기법은 원통접합분할법의 대세 속에 수키와피복접합법이 부분적으로 차용되었음을 살필 수 있다. 반면에 웅진기 공주 대통사의 수막새를 보면 원통접합후분할법은 거의 확인되지 않고, 대신 수키와가공접합법과 수키와피복접합법이 주류를 보이면서 수키와삽입접합법과 수키와가공접합법+수키와피복접합법 등이 일부 사용되었음을 찾아볼 수 있다.

이처럼 백제 수막새에서 관찰되는 접합기법의 시기적 변화는 한성기의 제와술이 웅진기에 그대로 전파되었을 가능성을 의문시하고 있다. 이러한 제와분위기는 웅진기 이후의 기와 소지가 점토띠가 아닌 점토판이라는 점, 그리고 수키와의 제작에 있어 와신부와 미구의 별도 제작 후 접합 등의 사례를 통해 확연히 살필 수 있다. 그리고 한성기에 볼 수 없었던 마루수막새 및 지두문 암막새, 부연와 등도 웅진기의 기와가 한성기 제와술이 아닌 대외적인 기와 제작술로 제작되었음을 보여주고 있다. 특히 지두문 암막새 및 유단식 암막새[8]의 등면에서 관찰되는 주칠 횡선은 처마의 연함

崔英姬, 2010, 「新羅 古式수막새의 製作技法과 系統」『韓國上古史學報』 제70호, 109쪽 그림 8.

7) 이 기법은 금번 공주시 반죽동 197-4번지 유적에서 처음으로 확인되었다.

8) 백제 암막새에 대해선 다음의 자료를 참조.
최맹식, 2004, 「三國 암막새의 始原에 관한 小考」『文化史學』 제21호.
심상육, 2005, 「백제 암막새의 출현과정에 관한 검토」『문화재』 38호.
金善基, 2012, 『益山 金馬渚의 百濟文化』, 서경문화사.
金善基, 2012, 「백제시대 암막새 형식과 전개」『文物研究』 22권.

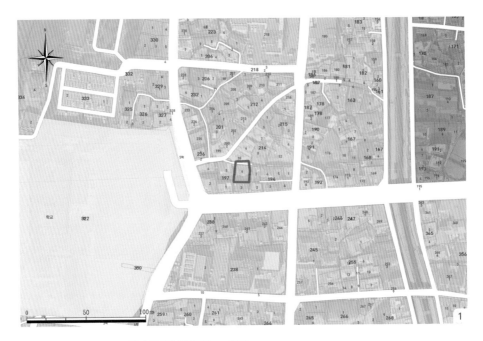

도 1. 공주시 반죽동 197-4번지 유적의 위치도(Daum지도)

단청과 관련된 것으로서 이러한 형적은 그 동안 한성기 및 웅진기의 공산성유적과 정지산유적 등에서도 관찰되지 않은 새로운 목조건축의 요소로 파악되었다.[9]

웅진기 수막새 및 암막새 등에서 관찰되는 이러한 신기술은 아마도 당시 백제와 밀접한 관련을 맺고 있었던 중국 남조와 불가분의 관계에 있었다고 생각된다. 이는 웅진기의 무령왕릉과 교촌리고분, 수촌리고분 등에서 살펴지는 전축분과 청자유개호, 백자잔, 흑유병 및 계수호 등을 통해서도 분명히 살필 수 있다.

이에 본고에서는 공주시 반죽동 197-4번지 유적(도 1)에서 수습된 대통사 수막새를 중심으로 이의 접합기법을 시기별로 살펴보고, 수막새에서 관찰되는 회전성형 및 횡선, 그리고 수막새에 부착된 수키와의 제와술 등에 대해서도 알아보도록 하겠다.

---

9) 조원창, 2019, 「공주 반죽동 추정 대통사지 발굴조사 내용과 성과」『百濟文化』 제60집.

그럼으로써 웅진기의 제와술이 한성기 고유의 전통보다는 중국 남조의 제와술과 밀접한 관련이 있음을 밝혀보도록 하겠다. 아울러 백제의 제와술이 일본 및 신라에 전파되었음도 수막새 및 미구기와 등을 통해 간략하게나마 살펴보고자 한다.

대통사 백제 수막새의 접합기법을 보다

백제 웅진기 대통사 수막새의 제작기법을 살피기에 앞서 본고에서는 먼저 이곳에서 수습된 수막새의 대략적인 접합기법을 검토해 보고자 한다. 이를 위해 공주시 반죽동 197-4번지 유적 출토 수막새를 중심으로 살펴보도록 하겠다.[10]

대통사 수막새의 접합기법은 그 동안 알려진 한성기 풍납토성[11] 및 웅진기 공산성[12] 유적 출토품과 비교해 큰 차이를 보이고 있다. 이는 접합기법의 다양성으로 파악해 볼 수 있는데 출토품 중 가장 다수를 차지하는 것은 드림새와 수키와를 가공한 후 접합한 수키와가공접합법(A형식)이다. 그리고 그 다음으로 수키와피복접합법(B형식)이 주류를 점하고 있다. 반면에 수키와삽입접합법(C형식)은 판단첨형식과 무문식, 판단융기식 등에서 일부 관찰되고 있고, 수키와가공접합법+수키와피복접합법(D형식)은 판단융기식과 판단원형식 등에서 부분적으로 살펴지고 있다. 그러나 한성기에 유

---

10) 접합기법이 비교적 분명하게 확인할 수 있는 것만을 대상으로 하였다. 예컨대 왕흥사지에서 관찰되는 b식(국립부여문화재연구소, 2011, 『백제 사비기 기와연구』 III, 28쪽 그림 9) 접합기법의 경우는 드림새의 뒷면에서 또 다른 수키와의 가공을 살필 수 있다. 따라서 주연부가 양호하게 부착되어 접합기법을 살필 수 없거나 접합기법이 불분명한 것들은 분석 자료에서 제외하였다. 이러한 것들은 향후 새로운 수막새의 등장과 함께 해결될 수 있으리라 생각된다.

11) 鄭治泳, 2007, 「漢城期 百濟 기와 제작기술의 展開樣相」 『韓國考古學報』 제63집.
   소재윤, 2013, 「풍납토성 평기와의 제작공정에 따른 제작기법 특징과 변화」 『야외고고학』 제18호.

12) 李南奭, 1988, 「百濟 蓮花文瓦當의 一研究 -公山城 王宮址出土品을 中心으로-」 『古文化』 제32집.

행을 보였던 원통접합후분할법은 아직까지 확인하지 못하였다. 하지만 공주 서혈사지 및 신원사[13] 등에서 이러한 접합기법이 검출된 것으로 보아 향후 발굴조사 과정에서 원통접합후분할법이 확인될 가능성은 매우 높다고 할 수 있다.

대통사에서 관찰되는 수막새의 드림새와 수키와의 접합기법은 아래의 표 1로 살필 수 있다.[14]

표 1. 대통사 수막새의 접합기법 제 형식

A형식					B형식	C형식	D형식	
Aa형식	Ab형식	Ac형식	Ad형식	Ae형식			Da형식	Db형식

Aa형식은 판단융기식을 비롯한 판단원형돌기식, 판단돌기식, 판단원형식, 돌대식, 무문식 등 다양한 수막새에서 살필 수 있다. 특히 웅진기로 편년되는 마루수막새의 경우도 이 형식을 따르고 있다.

판단융기식은 화판의 판단부가 융기된 것으로서 자방의 직경과 화판의 길이와 관련하여 두 가지 형식으로 세분할 수 있다. 하나는 마루수막새와 같이 자방 직경에 비해 화판의 길이가 긴 것이고(도 2), 다른 하나는 자방 직경이 화판의 길이에 비해 큰 것이다(도 3). 하지만 두 형식 모두 자방이 돌출되어 있다는 특징을 가지고 있다. 특히

---

13) 戶田有二, 2007,「百濟の鐙瓦製作技法について〔Ⅳ〕-輕部慈恩氏寄贈瓦に見る西穴寺技法の再考と新元寺技法-」『百濟文化』제37집.

14) 최영희의 안을 기준으로 필자가 일부 형식을 첨가하였다. 아울러 본 논고의 수막새 접합기법은 공주시 반죽동 197-4번지 유적을 중심으로 하였기에 향후 주변 지역의 발굴조사를 통해 좀 더 다양한 접합기법이 등장할 것이다. 아울러 대통사 형식의 접합기법은 부여 및 익산 지역의 여러 백제유적에서도 관찰되고 있는데 본고에 기술된 유적은 기존의 보고서를 참조한 것이다. 따라서 좀 더 많은 유적에서 해당 형식의 접합기법이 확인될 가능성이 높다.

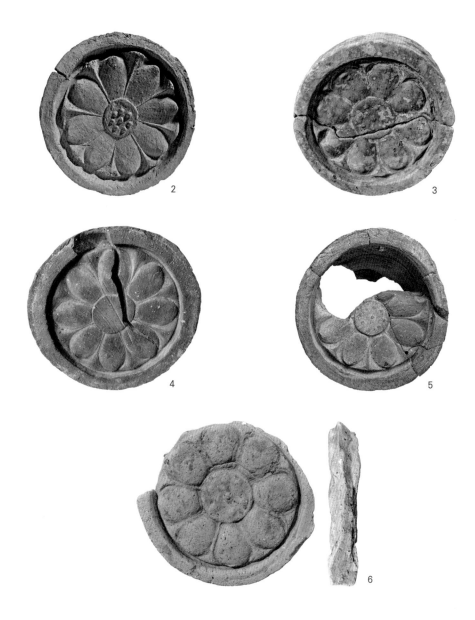

도 2.   공주 반죽동 197-4번지 유적 출토 Aa형식의 판단융기식 마루수막새
도 3.   공주 반죽동 197-4번지 유적 출토 Aa형식의 판단융기식 수막새
도 4.   공주 반죽동 197-4번지 유적 출토 Aa형식의 판단돌기식 수막새 1
도 5.   공주 반죽동 197-4번지 유적 출토 Aa형식의 판단돌기식 수막새 2
도 6.   공주 반죽동 197-4번지 유적 출토 Aa형식의 판단원형식 수막새

수키와(미구기와)가 부착된 상태에서 검출된 마루수막새의 경우 미구 내면에서 포목흔이 관찰되고 있어 수키와 제작 시 와통에서 와신부와 미구를 동시에 제작하였음을 알 수 있다.

판단돌기식(도 4·5)은 판단부에 돌기가 형성되어 있으나 기존의 원형이나 삼각형으로는 관찰되지 않는다. 자방에 비해 화판의 크기가 크고 자방은 약하게 돌출되어 있다. 특히 IV층 3호 폐와무지에서 검출된 판단돌기식의 경우는 화판과 자방이 전체적으로 목리조정되어 있고, 연자는 시문되지 않았다(도 4). 판단돌기식으로 분류된 두 점의 수막새는 수키와가 모두 미구기와로서 와신부와 미구가 별도 제작된 후 결합되었고, 와신과 언강의 내부는 직각으로 제작되어 있다.[15] 수막새의 문양과 수키와의 제작기법으로 보아 대통사 창건와로 파악된 바 있다.[16]

판단원형식(도 6)은 화판의 판단부가 원형을 이룬 것을 말한다. 전술한 판단융기식이나 판단돌기식에 비해 후행하는 형식으로 파악되고 있다. 자방의 직경이 화판에 비해 크게 제작되었으며, 돌출된 자방 내부에는 1+6과의 연자가 배치되어 있다. 자방 외곽으로 1조의 원권대가 돌아가는 것으로 보아 6세기 4/4분기의 와례임을 추정할 수 있다.

이상의 와례 이외에 Aa형을 보이는 접합기법은 판단원형돌기식(도 7)과 소문식(도 8) 등에서도 찾아볼 수 있다. 이 형식은 B형식과 더불어 가장 다수를 보이고 있는데, 특히 여러 종류의 창건와가 눈에 띈다. 즉 판단융기식을 비롯한 판단원형돌기식, 판단돌기식, 판단첨형식의 창건와가 Aa형식으로 접합되어 있다. 그리고 6세기 3/4분기 무렵의 판단융기식과 6세기 4/4분기의 판단원형식 및 7세기대의 소문식도 이 형식을 따르고 있다. 이렇게 볼 때 Aa형식은 527년 무렵 이후 7세기대 이후까지 지속적으로 사용된 접합기법이었음을 살필 수 있다.

---

15) 이에 대해선 다음 장에서 서술하고자 한다.

16) 조원창, 2019, 「백제 웅진기 대통사 창건 수막새의 형식과 계통」 『白山學報』 第115號.

도 7. 공주 반죽동 197-4번지 유적 출토 Aa형식의 판단원형돌기식 수막새
도 8. 공주 반죽동 197-4번지 유적 출토 Aa형식의 소문식 수막새
도 9. 공주 반죽동 197-4번지 유적 출토 Ab형식의 판단융기식 수막새 1
도 10. 공주 반죽동 197-4번지 유적 출토 Ab형식의 판단융기식 수막새 2
도 11. 공주 반죽동 197-4번지 유적 출토 Ab형식의 판단융기식 수막새 3
도 12. 공주 반죽동 197-4번지 유적 출토 Ab형식의 판단융기식 수막새 4

한편 이러한 접합기법은 사비기 유적인 부여 능산리사지의 판단삼각돌기식[17]과 판단돌기식,[18] 왕흥사지의 판단삼각돌기식,[19] 정림사지의 판단삼각돌기식,[20] 동남리유적의 판단삼각돌기식[21]과 판단첨형식[22] 등에서도 살필 수 있다.

Ab형식은 수키와 선단부의 상부 아래를 사선 방향으로 잘라낸 것으로 판단융기식을 비롯한 판단돌기식, 판단원형돌기식 등에서 주로 살펴지고 있다. 특히 판단융기식에서 많은 수가 찾아지는데 여기에는 자방이 작고, 화판이 큰 웅진기 수막새도 포함되어 있다.

판단융기식(도 9~13)은 앞에서 살핀 Aa형식의 두 와례 뿐만 아니라 자방이 크고 평판화된 수막새도 일부 찾아볼 수 있다. 특히 자방이 크면서 평판화된 수막새(도 13)의 경우 이의 제작 시기가 7세기 이후였음을 볼 때 Ab형식의 판단융기식은 웅진기 뿐만 아니라 사비기 전 시기에 걸쳐 사용되었음을 확인해 볼 수 있다.

---

17) 國立扶餘博物館 · 扶餘郡, 2000, 『陵寺-圖面 · 圖版-』, 173쪽 도면 156-⑧.

18) 國立扶餘博物館 · 扶餘郡, 2000, 『陵寺-圖面 · 圖版-』, 180쪽 도면 163-③.

19) 국립부여문화재연구소, 2011, 『백제 사비기 기와연구』 III, 44쪽 도판 13. 9호 가마 주변에서 수습되었다. 1+4과의 연자 배치에 자방 외곽으로는 굵은 원권대가 돌아가고 있다. 왕흥사 창건와로 추정되며, 제작 시기는 577년 무렵으로 추정된다.

20) 국립부여문화재연구소, 2011, 『扶餘 定林寺址』, 154쪽 및 442쪽 사진 299-49. S3W4의 소성유구 제토 과정에서 수습되었다. 화판 4엽과 자방, 주연 일부가 남아 있는 판단삼각돌기식 수막새이다. 자방 대부분이 멸실되어 정확한 편년은 살피기가 어렵다.

21) 충남대학교박물관 · 부여군, 2013, 『부여 동남리유적』, 221쪽 및 224쪽. 보고서에서는 A-1식으로 분류되었고, 이에 해당되는 수막새는 IX형식으로 세분되었다. 1+5과의 연자 배치에 자방 외곽으로는 2조의 원권대가 시문되어 있다. 화판은 9엽이다. 연자 배치와 2조의 원권대로 보아 6세기 4/4분기 이후의 수막새임을 추정할 수 있다.

22) 충남대학교박물관 · 부여군, 2013, 『부여 동남리유적』, 221쪽 및 222쪽. 판단첨형식인 XA 및 XIB형식의 수막새에서 찾아진다. 두 부류의 수막새 모두 평판화 된 자방으로 보아 7세기대 이후의 수막새임을 알 수 있다.

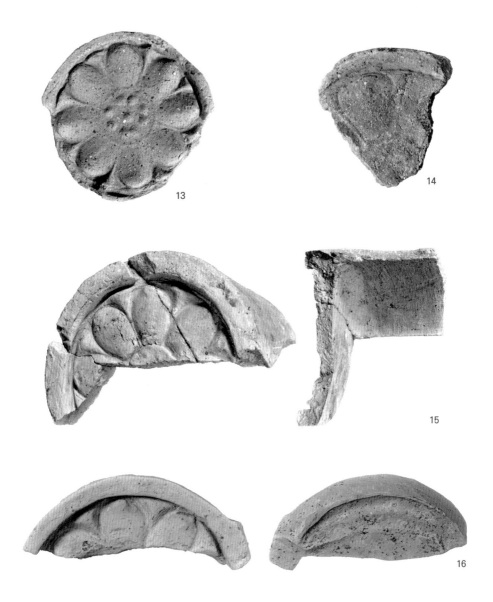

도 13. 공주 반죽동 197-4번지 유적 출토 Ab형식의 판단융기식 수막새 5

도 14. 공주 반죽동 197-4번지 유적 출토 Ab형식의 판단돌기식 수막새

도 15. 공주 반죽동 197-4번지 유적 출토 Ab형식의 판단원형돌기식 수막새 1

도 16. 공주 반죽동 197-4번지 유적 출토 Ab형식의 판단원형돌기식 수막새 2

판단돌기식(도 14)은 Ⅳ층 1호 폐와무지에서 한 점이 수습되었는데 자방과 화판, 주연 일부만 남아 있어 정확한 제작 시기를 파악할 수 없다. 다만 평판화 된 자방 외곽에 희미하게 원권대가 돌아가고 있고, 화판에 볼륨감이 없는 것으로 보아 7세기대 이후의 수막새로 추정해 볼 수 있다.

판단원형돌기식은 대부분 편으로 수습되었는데 이 중 잔존 상태가 양호한 와례를 중심으로 편년을 살펴보고자 한다. Ⅳ층 2호 폐와무지에서 수습된 수막새 1(도 15)은 화판이 볼륨감이 있고, 자방은 약하게 돌출되어 있다. 그리고 주연은 1cm 높이로 높게 제작되어 창건와에 사용된 와례임을 추정케 하고 있다. 두 번째 수막새 2(도 16)는 Ⅳ층 대지조성토에서 수습되었으나 잔존 상태가 불량하여 정확한 편년은 알 수 없다.

이 형식은 대통사 창건와에 해당되는 판단융기식 및 판단원형돌기식에서 찾아지고 있으며, 7세기대의 판단융기식과 판단돌기식에서도 관찰되고 있다. 전자와 후자 사이에 시기 차가 큰 것으로 보아 향후 6세기 3/4분기 및 4/4분기의 수막새에서도 Ab형식이 확인될 가능성은 높다고 생각된다.

이 형식의 접합기법은 사비기 유적인 부여 능산리사지 판단삼각돌기식과[23] 판단돌기식,[24] 관북리 백제유적의 판단융기식[25]과 판단원형돌기식,[26] 판단삼각돌기

---

23) 國立扶餘博物館 · 扶餘郡, 2000,『陵寺-圖面 · 圖版-』, 144쪽 도면 127-② 등.

24) 國立扶餘博物館 · 扶餘郡, 2000,『陵寺-圖面 · 圖版-』, 174쪽 도면 157-⑧.

25) 국립부여문화재연구소, 2012,『백제 사비기 기와연구』Ⅳ, 32쪽 도판 001. 나지구 동서석렬 북쪽에서 수습되었다. 화판이 협판에 가깝고, 자방이 상대적으로 크게 제작된 것으로 보아 6세기 4/4분기의 작으로 추정된다.

26) 국립부여문화재연구소, 2012,『백제 사비기 기와연구』Ⅳ, 33쪽 도판 002. 라지구 1호 대형 구덩이에서 수습되었다. 1+6과의 연자 배치에 자방이 돌출되어 있고, 뒷면에선 회전성형이 관찰된다. 대통사 창건와와 동형으로 추정되어 웅진기의 수막새로 판단된다.

식,[27] 익산 제석사지의 판구곡절식[28]과 인동자엽식[29] 등에서 살필 수 있다.

Ac형식은 단판 8엽의 판단원형돌기식 수막새(도 17)이다. 전체적인 수키와의 가공이 Ab형식과 유사하나 드림새의 뒷면에 접합하기 위해 말단부를 "│"형으로 짧게 절단해 놓았다. 돌출된 자방 내부에는 1+8과의 연자가 배치되어 있다. 창건와로 추정되는 판단원형돌기식 수막새에 비해 자방은 커지고, 화판은 작아졌음을 볼 수 있다. 화판과 자방의 크기 비로 보아 사비천도 후 6세기 3/4분기의 수막새로 판단해 볼 수 있다.

드림새와 수키와의 접합지점에 있어 차이가 있지만 이러한 수키와가공은 부여 군수리사지의 판단삼각돌기식,[30] 관북리 백제유적의 판단원형돌기식[31]과 판단삼각돌

---

27) 국립부여문화재연구소, 2012, 『백제 사비기 기와연구』 Ⅳ, 42쪽 도판 011. 다지구 3호 목곽고에서 수습되었다. 1+8과의 연자 배치에 자방이 작고, 화판이 크게 제작된 것으로 보아 6세기 4/4분기의 수막새로 추정된다.

28) 국립부여문화재연구소, 2013, 『백제 사비기 기와연구』 Ⅴ, 49쪽 도판 003. 1+5과의 연자 배치에 자방 외곽으로는 1조의 굵은 원권대가 시문되어 있다. 7세기 전반의 수막새로 추정된다.

29) 국립부여문화재연구소, 2013, 『백제 사비기 기와연구』 Ⅴ, 51쪽 도판 005. 1+5과의 연자 배치에 자방 외곽으로는 1조의 굵은 원권대가 있고, 화판 내부에는 3엽의 인동자엽문이 장식되어 있다. 7세기 전반의 작으로 추정된다.

30) 국립부여문화재연구소, 2010, 『백제 사비기 기와 연구』 Ⅱ, 48쪽 도판 15 및 49쪽 도판 16. 전자의 경우 1+4과의 연자 배치에 자방이 돌출되어 있고 외곽에는 원권대가 없다. 6세기 3/4분기 무렵의 수막새로 추정된다.

31) 국립부여문화재연구소, 2012, 『백제 사비기 기와연구』 Ⅳ, 35쪽 도판 004 및 40쪽 도판 009. 전자는 단판 8엽 연화문 수막새로 1+6과의 연자 배치에 자방이 돌출되어 있다. 연화문이 전체적으로 대통사 창건와와 친연성을 보이고 있어 6세기 전반의 수막새로 추정된다. 후자는 단판 6엽 연화문 수막새로 화판과 자방의 크기가 유사하여 6세기 3/4분기의 수막새로 판단된다.

도 17. 공주 반죽동 197-4번지 유적 출토 Ac형식의 판단원형돌기식 수막새
도 18. 공주 반죽동 197-4번지 유적 출토 Ad형식의 판단융기식 수막새 1
도 19. 공주 반죽동 197-4번지 유적 출토 Ad형식의 판단융기식 수막새 2
도 20. 공주 반죽동 197-4번지 유적 출토 Ad형식의 판단융기식 수막새 3
도 21. 공주 반죽동 197-4번지 유적 출토 Ad형식의 판단융기식 수막새 4

기식,[32] 익산 왕궁리유적의 판구곡절식과 복판식,[33] 제석사지의 판구곡절식과 인동
자엽식[34] 등에서도 살펴지고 있다.

Ad형식은 수키와 선단의 중간 부분을 사선(\)형태로 잘라낸 것을 말한다. 이 형식
의 접합기법은 판단융기식에서 주로 볼 수 있는데 시기적으로는 대통사 창건와(도
18)를 비롯해 사비천도 후인 6세기 3/4분기(도 19~20), 7세기 이후(도 21)의 수막새에서
도 볼 수 있다.

이러한 접합기법은 사비기 유적인 부여 관북리 백제유적의 판단원형돌기식[35]과
판구곡절식,[36] 정림사지의 판단원형돌기식[37]과 판단삼각돌기식[38] 등에서도 볼 수

---

32) 국립부여문화재연구소, 2012,『백제 사비기 기와연구』IV, 52쪽 도판 021. 라지구 남서구역
　　에서 수습되었으며 자방 내부에는 1+6과의 연자가 배치되어 있다. 연자 주변에 1조의 원권
　　대가 장식된 것으로 보아 7세기대 이후의 수막새로 추정된다.

33) 국립부여문화재연구소, 2013,『백제 사비기 기와연구』V, 31쪽 도판 008 및 36쪽 도판
　　013. 화판의 문양으로 보아 두 점 모두 7세기 이후의 작으로 추정된다.

34) 국립부여문화재연구소, 2013,『백제 사비기 기와연구』V, 49쪽 도판 003 및 51쪽 도판
　　005. 화판의 시문 양상으로 보아 두 점 모두 7세기 이후의 수막새로 판단된다.

35) 국립부여문화재연구소, 2012,『백제 사비기 기와연구』IV, 33쪽 도판 002. 단판 8엽 연화문
　　수막새로 자방과 연자 배치, 화판 등에서 대통사 창건와와 친연성을 보인다.

36) 국립부여문화재연구소, 2012,『백제 사비기 기와연구』IV, 53쪽 도판 022. 단판 8엽 연화문
　　수막새로 판구 끝단에 곡절이 이루어졌다. 1+6과의 연자 배치에 자방이 돌출되어 있고, 화
　　판에 비해 자방을 크게 제작하였다. 6세기 3/4분기의 수막새로 추정된다.

37) 국립부여문화재연구소, 2012,『백제 사비기 기와연구』IV, 92쪽 도판 008. 단판 8엽 연화문
　　수막새로 자방에 비해 화판을 크게 제작하였다. 일본 아스카데라(飛鳥寺) 창건와와 친연성
　　을 보이고 있어 6세기 4/4분기 무렵의 수막새로 추정된다.

38) 국립부여문화재연구소, 2012,『백제 사비기 기와연구』IV, 96쪽 도판 014 및 97쪽 도판
　　016. 두 점 모두 단판 8엽 연화문 수막새이다. 전자는 화판이 평판화 되고, 자방 내에 3열의
　　연자가 배치된 것으로 보아 7세기 이후의 수막새로 추정된다. 후자는 1+4과의 연자 배치에
　　자방 외곽으로 얇고, 굵은 2조의 원권대가 돌아가고 있다. 6세기 4/4분기~7세기 이후의 수
　　막새로 추정된다.

있다. 아울러 시기적으로 후행하지만 남조 말~당 중기로 추정된 연화문수막새[39]에서 Ad형식이 확인되는 것으로 보아 그 계통이 중국 남조에 있었음을 판단케 한다.

Ae형식은 수키와의 선단부에서 약간 안쪽을 '\'형태로 완만하게 잘라내어 주연부에 접합한 것을 말한다. 이 형식은 창건와로 추정되는 판단융기식(도 22) 및 판단원형돌기식(도 23)에서 확연하게 살펴지고 있다.[40] 기타 6세기 3/4분기 무렵의 판단원형식(도 24) 및 7세기 이후의 소문식(도 25) 수막새에서도 Ae형식의 접합기법을 찾아볼 수 있다.

이러한 형식은 사비기 유적인 부여 관북리 백제유적의 판단원형돌기식[41]과 판단삼각돌기식,[42] 꽃술자엽식,[43] 정림사지의 판단융기식[44]과 판단첨형식,[45] 익산 왕궁

---

39) 유금와당박물관, 2013, 『중국와당 : 양주·청주 출토』, 268쪽. 수막새 뒷면에서 회전성형이 관찰된다.

40) 판단융기식의 경우는 주연 선단부 가까운 지점에서, 그리고 판단원형돌기식의 경우는 주연이 끝나는 지점에서 접합이 이루어져 위치면에서 차이가 있다. 다만, 접합과 관련하여 주연부의 측면을 절단하였다는 점에서 같은 형식으로 분류하였다.

41) 국립부여문화재연구소, 2012, 『백제 사비기 기와연구』 IV, 33쪽 도판 002. 단판 8엽 연화문 수막새로 대통사 창건와와 친연성을 보이고 있다.

42) 국립부여문화재연구소, 2012, 『백제 사비기 기와연구』 IV, 41쪽 도판 010, 42쪽 도판 011, 45쪽 도판 014. 세 점 모두 단판 8엽 연화문 수막새이다. 도판 010과 011은 작은 자방, 큰 화판의 특징을 보이고 있어 6세기 4/4분기의 수막새로 추정된다. 도판 014는 자방 내에 3열의 연자가 배치된 것으로 보아 7세기 이후의 작으로 추정된다.

43) 국립부여문화재연구소, 2012, 『백제 사비기 기와연구』 IV, 55쪽 도판 024. 화판 내부의 꽃술자엽과 자방 외곽의 3열 연주문 배치로 보아 7세기 이후의 수막새임을 알 수 있다.

44) 국립부여문화재연구소, 2011, 『扶餘 定林寺址』, 136쪽 및 431쪽 사진 288-4~6. 잔존 상태가 양호한 4번 유물의 경우 단판 8엽 연화문 수막새로 자방 외곽에 2조의 원권대가 돌아가고 있어 6세기 4/4분기 이후의 수막새로 추정된다.

45) 국립부여문화재연구소, 2011, 『扶餘 定林寺址』, 141~142쪽 및 433쪽 사진 290-15, 434쪽 사진 291-16·18·19, 435쪽 사진 292-21·22, 436쪽 사진 293-24~26. 단판 8엽 연화문 수막새로 小자방, 大화판의 특징을 보이고 있어 6세기 4/4분기의 작임을 추정할 수 있다.

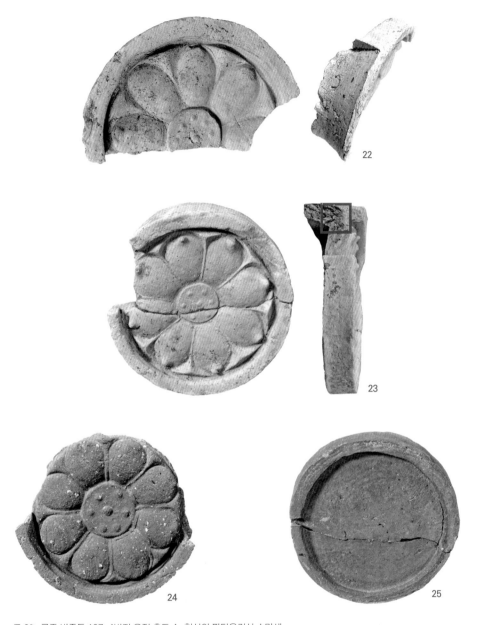

도 22. 공주 반죽동 197-4번지 유적 출토 Ae형식의 판단융기식 수막새

도 23. 공주 반죽동 197-4번지 유적 출토 Ae형식의 판단원형돌기식 수막새

도 24. 공주 반죽동 197-4번지 유적 출토 Ae형식의 판단원형식 수막새

도 25. 공주 반죽동 197-4번지 유적 출토 Ae형식의 소문식 수막새

도 26. 공주 반죽동 197-4번지 유적 출토 B형식의 판단융기식 수막새 1. 주연부에 X자형의 전사흔이 있다.

도 27. 공주 반죽동 197-4번지 유적 출토 B형식의 판단융기식 수막새 2

도 28. 공주 반죽동 197-4번지 유적 출토 B형식의 판단융기식 수막새 3. □ 내부에 전사흔이 있다.

도 29. 공주 반죽동 197-4번지 유적 출토 B형식의 판단융기식 수막새 4

리유적의 판단삼각돌기식[46]과 판구곡절식,[47] 무문식,[48] 파문식[49] 등 및 제석사지의 판구곡절식,[50] 미륵사지의 꽃술자엽식[51] 등에서도 찾아볼 수 있다.

B형식은 수키와피복접합법으로 수키와의 선단부가 수막새의 주연부를 형성한 것을 말한다. 이러한 형식은 대통사 창건와로 판단되는 판단융기식 1·2(도 26·27)와 판단원형돌기식(도 30) 등을 비롯해 사비기의 판단융기식 및 돌대식, 소문식 등에서 찾아지고 있다. 사비기 판단융기식 3(도 28)은 자방이 급격하게 커졌다는 점에서 6세기 3/4분기의 특징을 보여주고 있고, 판단융기식 4(도 29)는 자방이 평판화 되었다는 점에서 7세기 이후의 작품을 보여주고 있다. 그리고 돌대식(도 31)은 6세기 4/4분기, 소문식(도 32)은 7세기대 이후의 특징을 나타내 주고 있다.

이 형식은 공주지역의 웅진기 공산성유적을 비롯한 정지산유적,[52] 그리고 부여 및 익산지역의 여러 사비기유적에서 찾아지고 있는데 공산성의 경우 추정왕궁지 출토

---

46) 국립부여문화재연구소, 2013, 『백제 사비기 기와연구』 V, 29쪽 도판 006. 단판 8엽 연화문 수막새로 자방 내부에 3열의 연자가 배치되어 있어 7세기 이후의 작임을 알 수 있다.

47) 국립부여문화재연구소, 2013, 『백제 사비기 기와연구』 V, 32쪽 도판 009. 단판 8엽 연화문 수막새로 1+5과의 연자 배치에 자방 외곽으로는 1조의 원권대가 돌아가고 있다. 익산 제석사지 출토 수막새의 표지적 문양으로 7세기 이후에 제작되었다.

48) 국립부여문화재연구소, 2013, 『백제 사비기 기와연구』 V, 37쪽 도판 014. 무문으로 7세기 이후의 수막새이다.

49) 국립부여문화재연구소, 2013, 『백제 사비기 기와연구』 V, 38쪽 도판 015. 7세기 이후의 수막새이다.

50) 국립부여문화재연구소, 2013, 『백제 사비기 기와연구』 V, 49쪽 도판 003. 7세기 이후의 수막새이다.

51) 국립부여문화재연구소, 2013, 『백제 사비기 기와연구』 V, 61쪽 도판 003. 단판 6엽 연화문 수막새로 화판 내부에 꽃술 자엽이 장식된 7세기대의 수막새이다.

52) 국립공주박물관, 1999, 『艇止山』, 32쪽 도면 7-⑨.

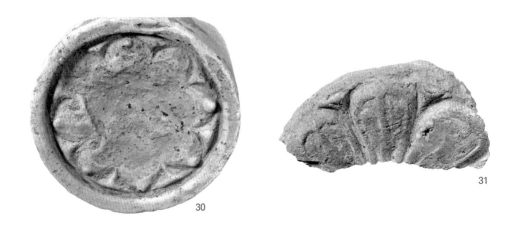

30

31

32

도 30. 공주 반죽동 197-4번지 유적 출토 B형식의 판단원형돌기식 수막새
도 31. 공주 반죽동 197-4번지 유적 출토 B형식의 돌대식 수막새
도 32. 공주 반죽동 197-4번지 유적 출토 B형식의 소문식 수막새

판단융기식[53])에서 살필 수 있다. 부여지역은 관북리 백제유적의 판단돌기식[54])과 판단삼각돌기식,[55]) 군수리사지의 판단원형돌기식,[56]) 왕흥사지의 판단첨형식[57])과 판단삼각돌기식,[58]) 판단원형식,[59]) 정림사지의 판단돌기식[60])과 판단원형식,[61]) 동남리유적의 판단원형돌기식[62]) 등에서 확인되고 있다. 그리고 익산지역에서는 왕궁리유

53) 李南奭, 1988,「百濟 蓮花文瓦當의 一研究 -公山城 王宮址出土品을 中心으로-」『古文化』 32집, 59~60쪽.

54) 국립부여문화재연구소, 2012,『백제 사비기 기와연구』Ⅳ, 37쪽 도판 006. 단판 8엽 연화문 수막새로 판단돌기식에 가깝다. 화판의 특징으로 보아 6세기 3/4분기의 작으로 추정된다.

55) 국립부여문화재연구소, 2012,『백제 사비기 기와연구』Ⅳ, 44쪽 도판 013 및 46쪽 도판 015. 두 점 모두 단판 8엽 연화문 수막새이다. 전자는 작은 자방, 큰 화판의 특징을 보이고 있어 6세기 4/4분기의 작으로 추정되고, 후자는 3열의 연자 배치로 보아 7세기 이후의 수막새로 판단된다.

56) 국립부여문화재연구소, 2010,『백제 사비기 기와연구』Ⅱ, 35쪽 도판 2, 36쪽 도판 3, 37쪽 도판 4, 38쪽 도판 5. 네 점 모두 단판 8엽 연화문 수막새이고, 판단돌기식에 가깝다. 화판으로 보아 6세기 3/4분기의 작으로 추정된다.

57) 국립부여문화재연구소, 2011,『백제 사비기 기와연구』Ⅲ, 45쪽 도판 14. 단판 8엽 연화문 수막새로 화판과 자방이 판구보다 낮게 제작되었다. 중국 남조 계통의 수막새로 6세기 4/4분기 이후의 작으로 추정된다.

58) 국립부여문화재연구소, 2011,『백제 사비기 기와연구』Ⅲ, 42쪽 도판 11. 단판 8엽 연화문 수막새로 1+8과의 연자 배치에 자방 외곽으로는 1조의 원권대가 돌아가고 있다. 6세기 4/4분기 이후의 수막새로 추정된다.

59) 국립부여문화재연구소, 2011,『백제 사비기 기와연구』Ⅲ, 46쪽 도판 15. 단판 8엽 연화문 수막새로 화판에 비해 자방이 크게 제작되었다. 화판과 자방의 제작 속성으로 보아 6세기 3/4분기의 작으로 추정된다.

60) 국립부여문화재연구소, 2011,『扶餘 定林寺址』, 153~154쪽 및 441쪽 사진 298-45, 442쪽 사진 299-48. 보고서에는 A1형식으로 분류되었다. 1+4과의 연자 배치에 자방 외곽으로는 2중의 원권대가 시문되어 있다. 시기적으로 6세기 4/4분기 이후의 수막새로 추정된다.

61) 국립부여문화재연구소, 2011,『扶餘 定林寺址』, 154쪽 및 442쪽 사진 299-50. 1+8과의 연자 배치에 자방을 크게 제작하였다. 주연부가 결실되어 확실한 편년은 알 수 없다.

62) 충남대학교박물관 · 부여군, 2013,『부여 동남리유적』, 219쪽. Ⅰ형식으로 분류되었다. 1+6과의 연자 배치에 화판 수가 6엽이다. 화판에 비해 자방이 크게 제작되어 6세기 3/4분기의

적의 파문식,[63] 미륵사지의 꽃술자엽식[64] 등에서 살펴지고 있다. 시기적으로 대통사가 창건되는 527년 무렵부터 7세기대에 이르기까지 오랜 기간 사용된 접합기법이었음을 알 수 있다. 이러한 형식의 접합기법은 중국 한대를 비롯한 남북조시대의 수막새에서도 볼 수 있어 그 계통이 중국 남조에 있었음을 확인할 수 있다.[65]

C형식은 수키와삽입접합법으로 드림새의 주연 상단 일부를 'ㄴ'모양으로 잘라낸 후 수키와를 올려놓은 것이다. 이러한 와례의 드림새 표면에는 수키와에서 묻어난 'x'자 형태의 전사흔이 뚜렷하게 살펴지기도 한다. A·B형식에 비해 극히 일부의 수막새에서만 관찰되고 있다. 최근 공주시 반죽동 197-4번지 북쪽에 위치한 반죽동 176번지의 판단첨형식에서도 확인되고 있다.

판단융기식 수막새(도 33)의 경우 화판에 비해 자방이 커지고, 반대로 화판이 작아지는 것으로 보아 사비천도 후의 6세기 3/4분기 작으로 추정된다. 그리고 판단첨형식(도 34)은 자방이 평판화 되고, 외곽으로 1조의 원권대가 돌아가고 있어 7세기대 이후의 수막새임을 판단해 볼 수 있다.

이 형식은 부여 왕흥사지의 판단원형돌기식,[66] 정림사지의 판단융기식,[67] 익산 왕

수막새임을 알 수 있다.

63) 국립부여문화재연구소, 2013, 『백제 사비기 기와연구』 V, 38쪽 도판 015. 7세기 이후의 수막새이다.

64) 국립부여문화재연구소, 2013, 『백제 사비기 기와연구』 V, 64쪽 도판 006 및 65쪽 도판 007. 두 점 모두 단판 6엽 연화문 수막새이다. 화판 내부의 꽃술 자엽장식으로 보아 7세기 이후의 수막새임을 알 수 있다.

65) 이에 대해선 아래의 논고를 참조.
신은희, 2019, 「중국 진·한 와당의 제작기법」『중국 진한 와당』, 유금와당박물관.

66) 국립부여문화재연구소, 2011, 『백제 사비기 기와연구』 III, 37쪽 도판 6. 단판 8엽 연화문 수막새로 화판에 비해 자방을 크게 제작하였다. 뒷면에선 회전성형흔이 관찰된다. 6세기 3/4~4/4분기의 수막새로 추정된다.

67) 국립부여문화재연구소, 2011, 『扶餘 定林寺址』, 136쪽 및 432쪽 사진 289-8. 화판 2엽과 주연 일부만 남아 있어 수막새의 편년은 살피기가 어렵다.

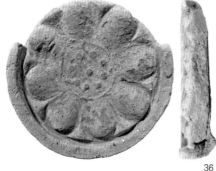

도 33. 공주 반죽동 197-4번지 유적 출토 C형식의
　　　 판단융기식 수막새
도 34. 공주 반죽동 176번지 유적 출토 C형식의
　　　 판단첨형식 수막새
도 35. 공주 반죽동 197-4번지 유적 출토 Da형식의
　　　 판단융기식 수막새
도 36. 공주 반죽동 197-4번지 유적 출토 Db형식의
　　　 판단융기식 수막새
도 37. 공주 반죽동 197-4번지 유적 출토 Db형식의
　　　 판단원형식 수막새

궁리유적의 판구곡절식[68]과 파문식[69] 등에서 볼 수 있다. 아직까지 대통사 창건와
에서 이러한 접합기법이 확인되지는 않았으나 중국의 경우 이미 한대에 등장하고 있
어[70] 향후 대통사 창건와에서 C형식의 접합기법이 확인될 가능성도 완전 배제할 수
없겠다.

D형식은 전술하였듯이 수키와가공접합법과 수키와피복접합법이 동시에 사용된
접합기법을 의미한다. 즉 수키와의 선단부가 드림새의 주연부를 형성하는 한편, 드
림새와 수키와가 접합되는 부분은 수키와의 하단부를 'ㄱ'나 'ㅡ' 및 '\' 형태로 절단
하고 있다. 이러한 기법은 한성기 및 그 동안의 웅진·사비기 수막새에서 관찰되지
않았다는 점에서 새로운 접합기법의 하나로 이해할 수 있다.

Da형식은 수키와의 선단이 주연부를 형성하고 그 하단을 'ㄱ' 형태로 잘라낸 것을
말한다. 이럴 경우 드림새의 상단부가 수키와에 결합되어 보토의 흔적을 살필 수 없
게 된다. 드림새의 측단부에서는 수키와에서 묻어난 'ㅈ'형의 전사흔이 관찰되고 있
다. 이 유형의 접합기법은 Ⅲ층 대지조성토에서 수습된 판단융기식 수막새(도 35)에서
볼 수 있는데 이 와례의 경우 자방이 큰 반면 평판화 되어 있다는 특징이 있다. 수막
새의 제작 시기는 7세기 이후로 추정된다.

Db형식은 수키와의 선단이 주연부를 형성하면서 동시에 아랫부분을 '\' 형태로
잘라낸 것이다. 판단융기식 및 판단원형식 등에서 살펴지고 있는데 전자가 주류를
이루고 있다. 전자(도 36)는 Ac형의 수막새와 마찬가지로 자방이 크고, 화판이 작으며
평판화된 자방 내부에 1+8과의 연자가 배치되어 있다. 자방의 평판화로 보아 이 와

---

68) 국립부여문화재연구소, 2013, 『백제 사비기 기와연구』 V, 33쪽 도판 010. 단판 8엽 연화문
   수막새로 1+6과의 연자 배치에 자방 외곽으로 1조의 원권대가 돌아가고 있다. 7세기 이후
   의 수막새이다.
69) 국립부여문화재연구소, 2013, 『백제 사비기 기와연구』 V, 39쪽 도판 016. 7세기 이후의 수
   막새이다.
70) 유금와당박물관, 2019, 「중국 진·한 와당의 제작기법」 『중국 진한 와당』 참조.

례는 7세기 이후의 것으로 판단된다. 그리고 후자(도 37)는 화판의 판단부가 둥근 것으로 약하게 돌출된 자방 내부에 1+8과의 연자가 시문되어 있다. 이는 중국 남조 제와술로 제작된 것으로 판단되고, 그 시기는 6세기 3/4 무렵으로 추정된다.

　이상의 내용을 정리하여 표 2로 살피면 아래와 같다.

표 2. 대통사 수막새의 접합기법 형식

접합기법		창건와 (527년 무렵)	보수와		
			6세기3/4분기	6세기 4/4분기	7세기
A 형식	Aa형식	 판단융기식 판단원형돌기식 판단돌기식	 판단융기식	 판단원형식	 소문식
	Ab형식	 판단융기식			 판단융기식

접합기법		창건와 (527년 무렵)	보수와		
			6세기3/4분기	6세기 4/4분기	7세기
		 판단원형돌기식			 판단돌기식
	Ac형식		 판단원형돌기식		
	Ad형식	 판단융기식	 판단융기식		 판단융기식
	Ae형식	 판단융기식 판단원형돌기식		 판단원형식	 소문식

접합기법		창건와 (527년 무렵)	보수와		
			6세기3/4분기	6세기 4/4분기	7세기
B 형식		판단융기식 판단원형돌기식	판단융기식	돌대식	판단융기식 소문식
C 형식			판단융기식		판단첨형식
D 형식	Da형식				판단융기식
	Db형식		판단원형식		판단융기식

대통사 백제 수막새에서 중국 남조의 제와술을 보다

이상으로 공주시 반죽동 197-4번지 백제유적에서 수습된 웅진기 수막새의 접합기법에 대해 살펴보았다.[71] 그 결과 한성기에 주로 확인되었던 원통삽입후분할법은 거의 관찰되지 않은 반면 수키와가공접합법과 수키와피복접합법이 주로 사용되었음을 확인할 수 있었다.[72]

이에 Ⅲ장에서는 앞에서 살핀 수막새의 접합기법 외에 드림새에서 관찰되는 제작기법, 즉 회전성형이나 횡선, 중조기법, 수날기법, 목리조정, 깎기, 지두흔(손누름) 등에 대해 살펴보도록 하겠다. 아울러 수막새에 부착된 등기와(미구기와)의 제작에 대해서도 분할 방법, 와신부와 미구의 접합 방식, 그리고 언강과 미구의 내면처리[73] 등을 중심으로 검토해 보도록 하겠다.[74]

대통사는 양 무제 대통 원년(527)에 당시 왕도였던 공주에 창건되었다. 어골문이 시문된 고려시대 암키와에 '대통사'라 쓰인 명문와가 검출되는 것으로 보아 대통사는 적어도 고려시대까지 그 법맥이 이어졌음을 알 수 있다. 대통사에 사용된 수막새

---

71) 대통사를 비롯한 공주지역 출토 백제 수막새의 접합기법에 대해선 아래의 자료를 참조.
戶田有二, 2007, 「百濟の鐙瓦製作技法について(Ⅳ)」 『百濟文化』 제37집.
淸水昭博, 2003, 「百濟 大通寺式 수막새의 성립과 전개 -中國 南朝系 造瓦技術의 전파-」 『百濟研究』 제38집,
이병호, 2018, 「공주 지역 백제 수막새의 특징과 계통」 『百濟文化』 제58집.
이병호, 2019, 「공주 반죽동 출토자료로 본 백제 대통사의 위상」 『百濟文化』 제60집.

72) 다만, 사비기로 추정되는 공주 서혈사지 및 신원사 출토 수막새에서 원통접합후분할법이 검출된 바 있어 향후 이 형식의 접합기법이 웅진기 수막새에서 확인될 가능성도 적지 않다. 또한 접합기법을 파악하기 힘든 수막새도 많은 수를 차지하고 있어 향후 발굴조사의 진행과정에 따라 좀 더 다양한 접합기법이 등장할 것으로 생각된다.

73) 이는 와통(와틀)의 생김새와 직접적인 관련성이 있다.

74) 본고에서는 수막새에 부착된 수키와를 중심으로 웅진기 미구기와의 제작 속성에 대해 살펴보았다. 따라서 전반적인 미구기와의 제작기법이나 암키와 등에 대해선 본고에서 다루지 못하였음을 밝힌다.

는 판단융기식을 비롯해 판단원형돌기식, 판단원형식, 판단첨형식, 돌대식 등 그 형식이 매우 다양하고 접합기법 또한 세분화되었음을 확인할 수 있다.[75] 그리고 동형·동범와로 살필 수 있는 판단융기식 및 판단원형돌기식 수막새의 경우 접합기법이 서로 상이함도 확인할 수 있다. 이는 드림새를 제작하는 와공과 드림새와 수키와를 접합하는 와공이 서로 달랐음을 의미하는 것으로서 당시 와공들의 분업화를 판단케 한다.

대통사 수막새에서는 전술한 바와 같이 드림새 내외면에서 회전성형흔[76]과 횡선(橫線), 중조흔(重造痕, 도 38 · 39),[77] 수날흔(手捏痕, 도 40),[78] 목리조정흔(도 41), 깎기흔(도

---

75) 여기에서는 접합기법이 분명하게 드러나는 수막새를 중심으로 다루었다. 따라서 접합기법이 모호하거나 잔존 상태가 불량하여 편년을 파악할 수 없는 와례에 대해서는 연구 대상에서 제외하였다.

76) 이는 회전하는 판이나 물레의 원심력을 이용하여 일정 크기의 기물을 대량으로 빠르게 생산할 수 있는 기법으로 기와 생산에 투여되는 공인의 노동력과 시간이 덜 소요되는 한편, 제품의 표준화와 규격화에 기여하였을 것으로 보고 있다. 淸水昭博은 이러한 제작기법을 '회전물손질 기법'으로 이해하고 있으며, 그 사례를 공주시 중동 출토 판단원형돌기식 수막새에서 찾아보았다. 그러나 공주시 중동의 경우 대통사가 입지하였을 것으로 추정되는 반죽동 지역과 제민천을 사이에 두고 서로 반대 방향에 위치하고 있어 대통사 출토품으로는 살피기가 어렵다. 회전성형과 관련된 논고는 아래를 참조.
淸水昭博, 2003, 「百濟 大通寺式 수막새의 성립과 전개 -中國 南朝系 造瓦技術의 전파-」 『百濟研究』 제38집, 61쪽.
국립부여문화재연구소, 2011, 『백제 사비기 기와 연구』 Ⅲ, 62~63쪽.
박원지, 2011, 「왕흥사 출토 수막새의 제작기술과 계통」 『백제 사비기 기와 연구』 Ⅲ, 82~94쪽.
국립부여문화재연구소, 2012, 『백제 사비기 기와 연구』 Ⅳ, 77쪽 주 21.

77) 와범에서 문양을 찍어내기 전 范의 좁고 깊은 곳에 작은 소지를 미리 넣은 후 그 위에 소지 덩어리로 문양을 찍는 것을 말한다. 이선희, 2009, 「月城垓子 출토 古式수막새의 제작기법과 편년연구」 『韓國考古學報』 제70집.

78) 와범에서 빼낸 드림새의 문양을 추가(2차)로 손질하는 작업을 말한다.
이선희, 2009, 「月城垓子 출토 古式수막새의 제작기법과 편년연구」 『韓國考古學報』 제70집, 125쪽.
국립부여문화재연구소, 2011, 『백제 사비기 기와 연구』 Ⅲ, 55쪽.

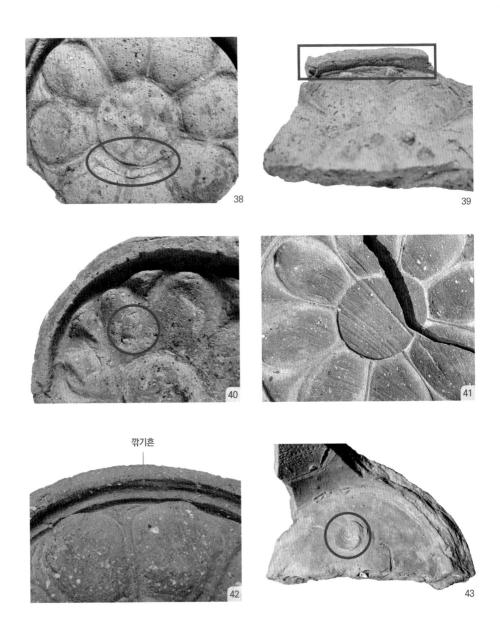

깎기흔

도 38. 자방 주변의 중조흔
도 39. 주연부의 중조흔
도 40. 화판의 수날흔(○ 내부)

도 41. 목리조정흔
도 42. 깎기흔
도 43. 지두흔

42), 지두흔(도 43) 등을 살필 수 있다. 이 중 회전성형흔의 경우는 대통사 창건와로 판단되는 판단원형돌기식(도 44~47)에서만 찾아지고 있는데 일부 물손질 정면되어 부분적으로 그 형상이 지워진 것도 확인할 수 있다.[79]

이러한 회전성형은 일찍이 중국 전국시대(도 48)[80]부터 등장하고 있으며, 한대(도 49)[81] 및 삼국시대(도 50),[82] 남북조시대(도 51)[83]를 거쳐 중국 당대(도 52)[84]에 이르기까지 나타나고 있어 중국의 경우 오랜 기간 수막새에 사용된 제작기법임을 알 수 있다.

수막새의 드림새 후면에서 관찰되는 회전성형은 사비기에 이르면 부여 관북리 백제유적을 비롯한 왕흥사지와 정림사지, 동남리유적,[85] 익산 제석사지 등에 이르기까지 여러 유적의 다양한 수막새에 사용되었음을 확인할 수 있다. 아울러 회전성형이 적용된 수막새의 형식에 있어서도 판단원형돌기식(도 53~55)[86]을 비롯해 판단삼각돌

---

79) 회전성형은 물손질의 정도에 따라 그 잔존 양상이 다를 수 있다. 이는 부여 왕흥사지 출토 수막새를 통해서도 확연히 살필 수 있다. 공주시 반죽동 197-4번지 유적에서는 판단원형돌기식에서만 회전성형이 검출되었는데 사비기의 부여 및 익산지역의 유적에서는 다양한 형식의 수막새에서 이 기법이 관찰되었다. 따라서 향후 공주시 반죽동 일원 지역에서 판단원형돌기식을 제외한 다른 형식의 수막새에서 회전성형흔이 검출될 가능성은 충분하다.

80) 유금와당박물관, 2017, 『중국와당 제 · 연』, 111쪽 사진 108.

81) 신은희, 2019, 「중국 진 · 한 와당의 제작기법」 『중국 진한 와당』, 柳琴瓦當博物館, 126쪽 도 17-3 · 4.

82) 유금와당박물관, 2010, 『중국육조와당』, 16쪽 사진 6.

83) 유금와당박물관, 2010, 『중국육조와당』, 94쪽 사진 177.

84) 유금와당박물관, 2013, 『中國瓦當 : 揚州 · 靑州 出土』, 63쪽 사진 91.

85) 충남대학교박물관 · 부여군, 2013, 『扶餘 東南里遺蹟』, 266쪽 사진 20-7.

86) 국립부여문화재연구소, 2011, 『백제 사비기 기와 연구』 III, 34쪽 도판 3.
국립부여문화재연구소, 2012, 『백제 사비기 기와 연구』 IV, 33쪽 도판 002 및 90쪽 도판 006.

도 44. 공주 반죽동 197-4번지 유적 출토 판단원형돌기식 수막새 1의 회전성형

도 45. 공주 반죽동 197-4번지 유적 출토 판단원형돌기식 수막새 2의 회전성형

도 46. 공주 반죽동 197-4번지 유적 출토 판단원형돌기식 수막새 3의 회전성형

도 47. 공주 반죽동 197-4번지 유적 출토 판단원형돌기식 수막새 4의 회전성형
도 48. 중국 전국시대 제(齊)나라 수막새의 회전성형흔
도 49. 중국 동한시대 수막새의 회전성형흔

도 50. 중국 삼국시대(吳) 수막새의 회전성형흔
도 51. 중국 동진 말~유송시대 수막새의 회전성형흔
도 52. 중국 당대 수막새의 회전성형흔

도 53. 부여 관북리 백제유적 라지구 1호 대형구덩이 출토 판단원형돌기식 수막새의 회전성형흔

도 54. 부여 왕흥사지 서회랑지 출토 판단원형돌기식 수막새의 회전성형흔

도 55. 부여 정림사지 출토 판단원형돌기식 수막새의 회전성형흔

기식(도 56),[87] 판단첨형식(도 57),[88] 파문식(도 58)[89]에 이르기까지 다양하다. 여기서 판단원형돌기식 1이 웅진기, 판단원형돌기식 2·3이 6세기 4/4분기, 판단삼각돌기식과 판단첨형식이 6세기 4/4분기, 그리고 파문식이 7세기대에 등장하였음을 볼 때 회전성형의 제작기법은 대통사 창건기부터 7세기대에 이르기까지 오랜 기간 사용되었음을 알 수 있다.

회전성형의 기법은 588년 무렵 백제 와박사에 의해 제작된 아스카데라(飛鳥寺) 판단원형돌기식(성조) 수막새(도 59)[90]에서도 관찰되고 있어 6세기 말 일본에까지 그 기술이 전파되었음을 알 수 있다. 아울러 6세기 후반~7세기 전반에 해당되는 신라 분황사 출토 판단원형돌기식(도 60)[91] 및 구황동 원지 유적 출토 판단삼각돌기식(도 61)[92] 수막새 등에도 이 기법이 적용된 것으로 보아 해당 시기 백제 제와술의 신라 전파를 확인케 하고 있다.

---

87) 국립부여문화재연구소, 2012, 『백제 사비기 기와 연구』 IV, 42쪽 도판 011.

88) 국립부여문화재연구소, 2012, 『백제 사비기 기와 연구』 IV, 86쪽 도판 001.

89) 국립부여문화재연구소, 2013, 『백제 사비기 기와 연구』 V, 52쪽 도판 006.

90) 國立扶餘博物館, 2010, 『百濟瓦塼』, 318쪽 사진 839.

91) 국립경주문화재연구소·경주시, 2015, 『芬皇寺 發掘調査報告書』 II〔2〕, 107쪽 도면 46-37.

92) 國立慶州文化財研究所·慶州市, 2008, 『慶州 九黃洞 皇龍寺址展示館 建立敷地內 遺蹟(九黃洞 苑池 遺蹟)』, 413쪽 도면 40-21. 보고서에는 회전물손질로 기술되어 있으나 회전성형의 기법이 가미되어 있음을 볼 수 있다. 단판 8엽의 판단삼각돌기식으로 1+8과의 연자 배치에 자방은 돌출되어 있다. 6세기 4/4분기 이후의 고신라기 수막새로 판단된다.

도 56. 부여 관북리 백제유적 다지구 3호 목곽고 출토 판단삼각돌기식 수막새의 회전성형흔
도 57. 부여 정림사지 S3W3 동서트렌치 부근 출토 판단첨형식 수막새의 회전성형흔
도 58. 익산 제석사지 출토 파문식 수막새의 회전성형흔

도 59. 일본 아스카데라(飛鳥寺) 출토 판단원형돌기식(성조) 수막새의 회전성형흔

도 60. 경주 분황사 출토 판단원형돌기식 수막새의 회전성형흔

도 61. 경주 구황동 원지 유적 출토 판단삼각돌기식 수막새의 회전성형흔

회전성형은 전술하였듯이 수막새의 대량생산과 관련하여 이해되고 있으며, 이는 대통사 수막새에서 처음으로 확인되고 있다. 그리고 이러한 수막새 제작에서 살펴지는 빠른 대량생산의 체제는 한편으로 드림새 뒷면의 횡선(橫線)을 통해서도 파악할 수 있다. 이는 드림새와 수키와를 접합하기 위한 위치에 횡선을 그어 놓은 것으로 접합 과정에서 발생하는 시간을 단축하기 위한 것으로 판단된다. 횡선은 수키와가 결합되는 부분까지 길게 음각된 것이 있는 반면, 중간 일부분에만 표현된 것도 살필 수 있다. 횡선이 발견되는 수막새의 문양은 대부분 판단융기식이 주를 이루고 있으며, 일부 판단돌기식 및 판단원형돌기식 등에서도 확인할 수 있다.[93] 특히 527년 무렵의 대통사 창건와로 추정되는 판단융기식(도 62~73)과 판단돌기식(도 77 · 78) 및 6세기 3/4분기 무렵의 판단융기식(도 74 · 75)과 판단원형돌기식(도 79~81), 그리고 6세기 4/4분기 무렵의 판단융기식(도 76) 등에서 살펴지는 것으로 보아 횡선은 백제 웅진기 이후 사비기에도 그 기법이 계속 전승되었음을 알 수 있다.[94] 다만 사비기에 이르러 횡선이 그어진 수막새가 많지 않은 점, 그리고 웅진기에도 판단융기식 수막새에 집중되어 있다는 점에서 와공의 한 계파를 유추해 볼 수 있다. 아울러 모든 판단융기식 수막새의 뒷면에 횡선이 그어져 있지 않다는 점에서 적어도 두 부류 이상의 판단융기식 제작 와공을 추정해 볼 수 있다.

---

93) 이러한 사례로 보아 향후 창건와에 해당되는 판단원형돌기식에서도 횡선이 확인될 가능성은 높다고 생각된다.

94) 기존의 수막새 연구가 문양을 중심으로 이루어져 탁본이나 사진의 경우 전면을 주요 대상으로 삼았다. 따라서 보고서에 뒷면의 사진이나 탁본이 상대적으로 적은 것이 사실이다. 이와 관련하여 향후 웅진기의 공주 공산성 및 사비기의 여러 유적에서 횡선이 있는 수막새가 검출될 가능성은 매우 높다고 할 수 있다.

62

63

64

도 62. 공주 반죽동 197-4번지 유적 출토 판단융기식 수막새 1 뒷면의 횡선
도 63. 공주 반죽동 197-4번지 유적 출토 판단융기식 수막새 2 뒷면의 횡선
도 64. 공주 반죽동 197-4번지 유적 출토 판단융기식 수막새 3 뒷면의 횡선

도 65. 공주 반죽동 197-4번지 유적 출토 판단융기식 수막새 4 뒷면의 횡선
도 66. 공주 반죽동 197-4번지 유적 출토 판단융기식 수막새 5 뒷면의 횡선
도 67. 공주 반죽동 197-4번지 유적 출토 판단융기식 수막새 6 뒷면의 횡선

도 68. 공주 반죽동 197-4번지 유적 출토 판단융기식 수막새 7 뒷면의 횡선
도 69. 공주 반죽동 197-4번지 유적 출토 판단융기식 수막새 8 뒷면의 횡선
도 70. 공주 반죽동 197-4번지 유적 출토 판단융기식 수막새 9 뒷면의 횡선

도 71. 공주 반죽동 197-4번지 유적 출토 판단융기식 수막새 10 뒷면의 횡선
도 72. 공주 반죽동 197-4번지 유적 출토 판단융기식 수막새 11 뒷면의 횡선
도 73. 공주 반죽동 197-4번지 유적 출토 판단융기식 수막새 12 뒷면의 횡선

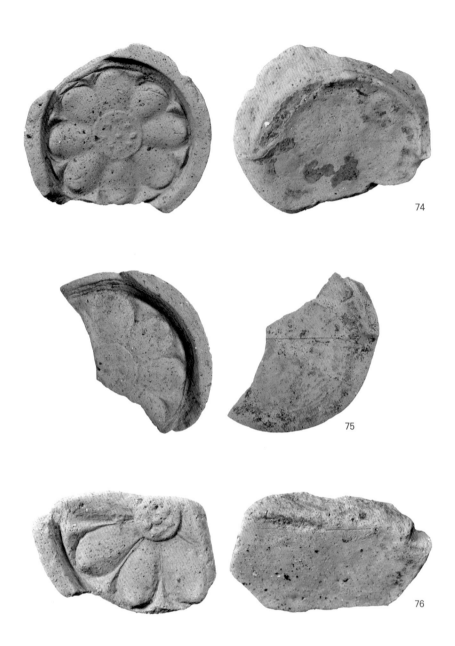

도 74. 공주 반죽동 197-4번지 유적 출토 판단융기식 수막새 13 뒷면의 횡선
도 75. 공주 반죽동 197-4번지 유적 출토 판단융기식 수막새 14 뒷면의 횡선
도 76. 공주 반죽동 197-4번지 유적 출토 판단융기식 수막새 15 뒷면의 횡선

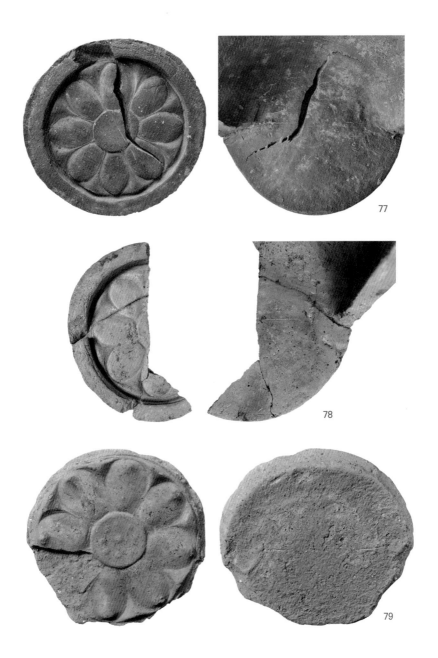

도 77. 공주 반죽동 197-4번지 유적 출토 판단돌기식 수막새 1 뒷면의 횡선
도 78. 공주 반죽동 197-4번지 유적 출토 판단돌기식 수막새 2 뒷면의 횡선
도 79. 공주 반죽동 197-4번지 유적 출토 판단원형돌기식 수막새 1 뒷면의 횡선

도 80. 공주 반죽동 197-4번지 유적 출토 판단원형돌기식 수막새 2 뒷면의 횡선
도 81. 공주 반죽동 197-4번지 유적 출토 판단원형돌기식 수막새 3 뒷면의 횡선

또한 횡선이 그어진 수막새의 경우 접합기법 측면에서 서로 다른 형식을 보이고 있어 드림새를 제작하였던 와공과 드림새와 수키와를 접합하였던 와공이 서로 일치되지 않았음을 파악할 수 있다. 아울러 회전성형이 확인되는 수막새에서도 이러한 횡선이 검출되지 않는 것으로 보아 드림새 제작 와공의 경우도 문양과 별도로 두 부류 이상이었음을 추정해 볼 수 있다.

이처럼 횡선을 이용한 드림새와 수키와의 접합시간 단축은 웅진기 유적으로 대표되는 공주 공산성이나 정지산유적, 그리고 부여 용정리사지 등에서도 아직까지 검출된 바 없는 제와요소이기에 527년 무렵 대통사 수막새 제작과 함께 중국 남조(梁)로부터 새로이 유입된 신기술로 이해할 수 있다. 아울러 이러한 판단은 하북성 임장현 출토 중국 위진시대의 운문(雲文) 수막새(도 82)[95]와 동위~북제시대의 연화문 수막새(도 83),[96] 그리고 출토지 미상의 북조시대 귀면문 수막새(도 84)[97] 등의 존재를 통해 충분히 고려해 볼 수 있다.[98]

한편, 웅진기 수막새의 수키와(미구기와)와 이와 동형의 일반 미구기와인 경우 미구와 와신부 및 언강이 동시에 제작된 것이 있는 반면(미구일체형, 도 85),[99] 와신부+언강과 미구가 별도 제작된 사례(미구분리형 1), 와신부와 언강+미구가 별도 접합된 경우 등도 살필 수 있다(미구분리형 2, 도 86).[100] 미구분리형은 웅진기로 편년된 공주 정지산유

95) 유금와당박물관, 2011, 『중국위진북조와당』, 14쪽 사진 3.

96) 유금와당박물관, 2011, 『중국위진북조와당』, 57쪽 사진 72.

97) 유금와당박물관, 2011, 『중국위진북조와당』, 27쪽 사진 17.

98) 북조 수막새로 보아 남조 제·양대의 수막새에서도 이러한 橫線이 검출될 가능성은 매우 높다고 생각된다. 다만, 남조 수막새를 직접적으로 실견하지 않을 경우 박물관이나 관련 책자에 수막새의 앞면만 전시되어 뒷면의 현황은 사실 살필 수가 없다.

99) 대표적으로 Ⅳ층 3호 폐와무지 출토 마루수막새를 들 수 있다. 이처럼 미구일체형의 수키와가 주로 수습된 유적으로는 사비기의 부여 군수리사지를 들 수 있다.
국립부여문화재연구소, 2013, 『扶餘軍守里寺址 -西廻廊址 一帶 發掘調査報告書-』 Ⅱ, 50~58쪽.

100) 이러한 제작기법의 차이는 미구 내면의 포목흔 유무를 통해 파악할 수 있다. 한성기 미구기와의 경우 전자가 거의 대부분을 차지하고 있는 반면, 후자의 사례는 거의 검출되지 않았다. 이로 보아 수키와의 와신부와 미구를 별도 제작하여 결합한 사례는 웅진기 미구기와의 주요 특징으로 이해할 수 있다. 그리고 이러한 제작기법이 많진 않지만 미륵사지 출토품(국립부여문화재연구소, 2016, 『익산 미륵사지 평기와 연구』, 220쪽)에서도 검출되는 것으로 보아 7세기 이후에도 계속적으로 사용되었음을 알 수 있다.
한편, 본고에서는 미구의 정확한 접합기법을 확인하기 위해 일부 X-ray 촬영을 실시하였다.

도 82. 중국 위진시대 운문 수막새 뒷면의 횡선
도 83. 중국 동위~북제시대 연화문 수막새 뒷면의 횡선
도 84. 중국 북조시대 귀면문 수막새 뒷면의 횡선

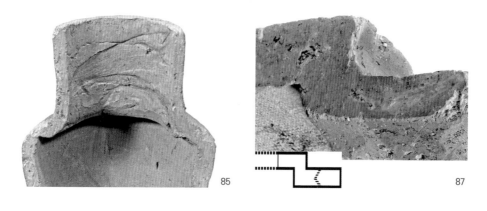

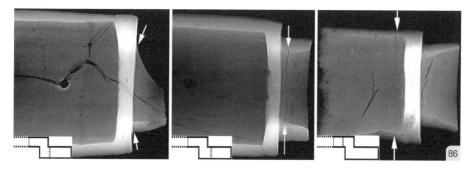

도 85. 미구일체형으로 제작된 마루수막새의 미구. 미구 내면에서 포목흔을 볼 수 있다.
도 86. 공주 반죽동 197-4번지 유적 출토 미구분리형의 여러 사례
도 87. 'ʅ'형으로 접합된 미구분리형

적 출토 기와를 통해 이미 알려진 바 있기에 새롭지 않을 수 있다.[101] 하지만 Ⅳ층 3
호 폐와무지 출토 판단돌기식의 수막새(도 87)와 같이 'ʅ'형으로 미구가 접합된 사례는
그 동안 여느 백제유적에서 검출된 바 없는 초출 자료에 해당되고 있어 주목할 만하
다. 이와 같은 와신부와 미구 및 언강 등의 별도 제작은 한성기의 미구기와에서 거의
볼 수 없는 제와술로서 그 기술적 계통이 중국 남조에 있다.[102]

---

101) 국립공주박물관, 1999, 『艇止山』, 31~32쪽.
102) 중국 남경 종산의 제단유적 출토 기와에서 확인할 수 있다.

금번 공주시 반죽동 197-4번지 유적에서 선별된 159점의 미구기와 중 미구분리형은 111점으로 약 70%를 차지하고 있다. 반면에 미구일체형은 48점으로 30%의 비율을 보이고 있다. 이는 미구기와를 제작하였던 당시의 와공이 미구일체형보다는 미구분리형에 더 많이 참여하였음을 추정케 한다. 아울러 웅진기 미구기와의 주류 역시도 미구분리형임을 알 수 있다.

미구분리형은 백제 사비기에 접어들어서도 꾸준한 제작을 보이고 있다. 즉 부여 관북리 백제유적[103]을 비롯한 동남리유적,[104] 능산리사지,[105] 왕흥사지,[106] 정림사지,[107] 미륵사지[108] 등에서 미구분리형을 확인할 수 있다. 이 중 6세기 전반으로 추정되는 동남리유적의 경우 미구분리형 : 미구일체형의 비율이 45% : 55%인 반면, 567년 무렵에 창건된 능산리사원에서는 33% : 67%로 파악되었다. 그리고 7세기대의 익산 미륵사지에서는 일부에 해당되지만 3% : 97%로 확인되었다. 이러한 미구분

조윤재, 2019, 「중국 남조 와전문화관련 고고자료의 고찰」 『백제시대 건물지 지상구조 고증을 위한 학술포럼』, 공주시·공주대학교박물관, 83쪽.

103) 국립부여문화재연구소, 2009, 『扶餘 官北里百濟遺蹟 發掘報告』 III, 360쪽 도면 158-374.

104) 동남리유적에서는 모두 42점의 미구기와가 수습되었고, 이 중 미구분리형(A형식)은 19점(45%), 미구일체형은 23점이다.
충남대학교박물관·부여군, 2013, 『扶餘 東南里遺蹟』, 213쪽 표 56 참조.

105) 1~5차 발굴조사 과정에서 수습된 83점의 미구기와 중 와신과 미구가 동시에 제작된 미구일체형은 56점(67%), 와신과 미구가 분리 제작된 미구분리형은 27점(33%)이었다. 이로 보아 능산리사지의 경우 미구일체형이 미구분리형보다 월등히 많이 제작되었음을 볼 수 있다.
國立扶餘博物館·扶餘郡, 2000, 『陵寺-本文-』, 153~154쪽.

106) 국립부여문화재연구소, 2012, 『王興寺址』 IV, 161쪽 도면 61-218 등.

107) 국립부여문화재연구소, 2011, 『扶餘 定林寺址』, 183쪽 및 187쪽. 113번, 114번 미구기와에서 살필 수 있다.

108) 국립부여문화재연구소, 2016, 『익산 미륵사지 평기와 연구』, 60쪽. 미구분리형인 A형은 1점, 백제시대 미구일체형인 B형은 BI형이 10점, BII형이 17점, BIII형이 8점 등 총 35점이다.

리형 : 미구일체형의 비율 변화는 백제 웅진기에서 사비기를 거치며, 시기적으로는 6세기에서 7세기로 넘어가며 미구분리형에서 점차 미구일체형으로 변화하였음을 보여주는 것이라 할 수 있다. 물론 이러한 사례 비교가 한정된 유물을 대상으로 하였다는 점에서 약간의 오차도 인정할 순 있지만 제와술 혹은 와통(와틀)의 변화는 무시하기 어려울 듯싶다.[109] 미구분리형은 한편으로 경주지역의 경주공고 부지(전 흥륜사지)[110] 및 육통리가마 출토 기와등에서도 확인되고 있어 웅진기 제와술이 신라에까지 영향을 미쳤음을 파악할 수 있다.

웅진기 미구기와는 또한 미구 내면 선단부의 경우 깎기나 물손질정면 되어 언강 방향의 미구 두께보다 얇게 나타나는 특징을 보이고 있다. 그리고 언강과 미구의 결합이 내·외면 모두에서 거의 직각(近直角)에 가깝게 접합하고 있음도 살필 수 있다(도 88).[111] 특히 후자의 속성은 부여 관북리 백제유적[112]을 비롯한 동남리유적,[113] 능산리사지,[114] 구아리유적,[115] 왕흥사지,[116] 정림사지[117] 등에서 확인되는 것으로 보아

---

109) 이러한 와통의 변화는 생산의 효율성, 즉 대량생산이라는 측면에서 결정되었을 것이다.

110) 이병호, 2013, 「경주 출토 백제계 기와 제작기술의 도입과정 -傳 흥륜사지 출토품을 중심으로-」『한국고대사연구』 69, 21쪽 도 6. 400번 미구기와가 미구분리형으로 제작되었다.

111) 대통사 창건와의 언강 외면은 크게 4가지로 세분할 수 있다. 첫 번째는 직각에 가깝고, 두 번째는 안쪽으로 오목하고, 세 번째는 경사지게 처리하였다. 마지막으로 네 번째는 마루수막새와 같이 밖으로 볼록하게 제작하였다. 그리고 미구의 경우도 와신부와 동시 제작한 것은 두께가 거의 일정한 반면, 별도 제작하여 접합한 것은 미구의 안쪽을 물손질하고, 선단부는 깎기 후 물손질정면한 것을 볼 수 있다.

112) 국립부여문화재연구소, 2009, 『扶餘 官北里百濟遺蹟 發掘報告』 III, 361쪽 도면 159-376.

113) 충남대학교박물관·부여군, 2013, 『扶餘 東南里遺蹟』, 90쪽 도면 64-2.

114) 한국전통문화학교 고고학연구소·부여군, 2010, 『扶餘 陵山里寺址 제9차 발굴 조사 보고서』, 115쪽 도면 48-①(북편건물지 1 출토).

115) 부여군문화재보존센타, 2012, 『부여 구아리 319 부여중앙성결교회 유적』, 174쪽 도면 65-373.

116) 국립부여문화재연구소, 2016, 『王興寺址』 VII, 96쪽 도면 41-97.

117) 국립부여문화재연구소, 2011, 『扶餘 定林寺址』, 186쪽 도면 66-113.

웅진기의 제와술이 사비기에도 큰 차이 없이 전파되었음을 확인할 수 있다.

하지만 6세기 전·중반으로 추정되는 부여 정암리가마(도 89)[118] 및 577년 무렵의 왕흥사지(도 90)[119] 출토 미구기와 등을 대통사 미구기와와 비교해 보면 확연한 차이가 있음을 살필 수 있다. 즉 6세기 중반~말의 미구기와는 언강의 내면이 직각이 아닌 곡면으로 이루어져 있고,[120] 언강의 외면 역시 수직이 아닌 약간 사선 방향으로 제작되고 있다. 그리고 미구기와는 7세기대에 이르면 또 다른 변화를 겪게 되는데 이는 청양 왕진리 B지구 2호 가마 출토 미구기와(도 91)[121]에서 살필 수 있다.[122] 여기서 기와 내면은 직각이나 곡면이 아닌 사선 방향으로 꺾여 있음을 볼 수 있다. 이러한 미구기와 내면의 형태 변화는 동일 가마 출토 무문식 수막새를 통해 7세기 전반의 미구기와 제작 특성으로 이해할 수 있다. 마지막으로 백제 사비기 말에 해당되는 7세기 중반에 이르러서는 왕흥사지 출토 단판8엽 연화문 수막새[123]를 통해 미구기와(도 92)[124] 언강의 내면이 왕진리 출토 미구기와보다 훨씬 더 완만하게 경사져 미구와 연결되고 있음을 확인할 수 있다. 이렇게 볼 때 백제 웅진기~사비기의 미구기

118) 國立扶餘博物館, 1988, 『扶餘亭岩里가마터』(Ⅰ), 10쪽 삽도 3-①.

119) 국립부여문화재연구소, 2012, 『王興寺址』 Ⅳ, 91쪽 도면 20-024.

120) 이는 미구기와를 제작하는 와통의 외형과 직접적인 관련이 있다.

121) 國立中央博物館·國立扶餘博物館, 2008, 『청양 왕진리 가마터』, 132쪽 도면 62-2.

122) 이처럼 가마 출토품을 중심으로 예시한 이유는 건물지 수습품에 비해 편년 설정이 좀 더 확실하기 때문이다. 아울러 수막새에 관한 편년도 기존에 이루어졌기 때문에 상호 보완적 차원에서 가마 출토품을 주요 사례로 들게 되었다.

123) 이 수막새에 대해 박용진은 반구상의 자방과 주연부의 연주문대 등을 통해 백제 말기의 퇴화 형식으로 이해하고 있다.
朴容塡, 1978, 「百濟瓦當の體系的分類」 『百濟文化と飛鳥文化』, 吉川弘文館, 215쪽.
朴容塡, 1983, 「百濟瓦當의 類型研究 -수막새기와를 中心으로-」 『百濟瓦塼圖錄』, 百濟文化開發研究院, 367쪽.
이에 반해 龜田修一의 경우는 6세기 말~7세기 초 이후로 편년하고 있다.
龜田修一, 1981, 「百濟古瓦考」 『百濟研究』 제12집, 100쪽.

124) 국립부여문화재연구소, 2016, 『王興寺址』 Ⅶ, 61쪽 도면 19-23.

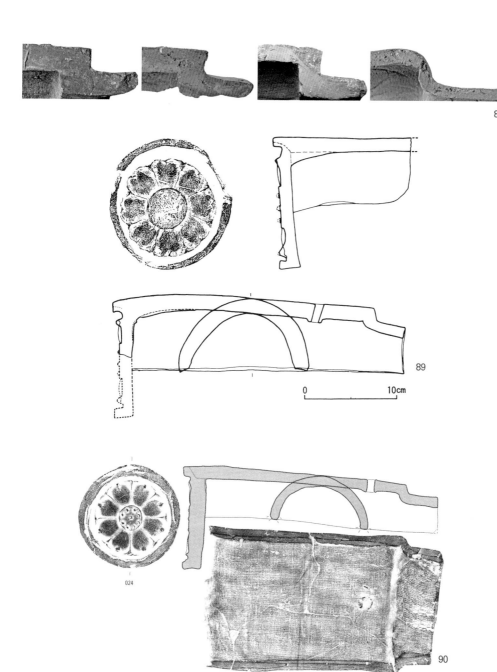

0   10cm

도 88. 공주 반죽동 197-4번지 유적 출토 웅진기 미구기와의 언강 내·외면 모습

도 89. 부여 정암리가마 1호요 출토 수막새

도 90. 부여 왕흥사지 경계축대 전면 암갈색 사질점토층 출토 수막새

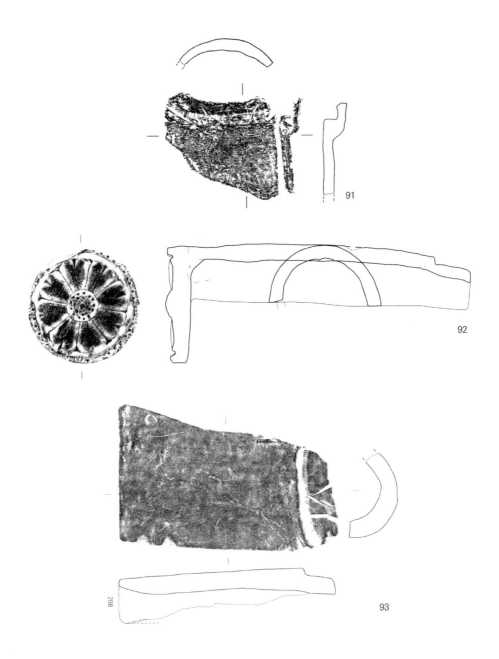

도 91. 청양 왕진리 B지구 2호 가마 출토 미구기와
도 92. 부여 왕흥사지 출토 수막새
도 93. 경주 사천왕사 서탑지 북서편 출토 미구기와

와는 언강의 내면이 근(近)직각(웅진기) → 완(緩)곡면(6세기 중반) → 급(急)곡면(6세기 말) → 급(急)사선(7세기 전반) → 완(緩)사선(7세기 중반) 등의 형태로 변화함을 관찰할 수 있다. 그리고 마지막 단계에서 살펴지는 완(緩)사선의 언강 내면은 삼국통일 후 경주지역에 창건되는 사천왕사 서탑지 북서편 출토의 미구기와(도 93)[125]에서도 큰 차이 없이 나타나고 있어 패망한 백제 와공의 활약을 엿볼 수 있다.

이상과 같이 미구기와 언강 내면의 변화를 시기별로 요약하면 아래의 표 3과 같다.

표 3. 미구기와 언강 내면의 시기적 변화

유적명	웅진기	사비기				비고
		6세기		7세기		
		중반	후반·말	전반	중반	
대통사 수막새 (창건와)	(그림)					527년 무렵
정암리 1호요 수막새		(그림)				
왕흥사지 수막새 (창건와)			(그림)			577년 무렵
왕진리 2호요 미구기와				(그림)		
왕흥사지 수막새 (보수와)					(그림)	

125) 국립경주문화재연구소, 2013, 『四天王寺 回廊內廓 발굴조사보고서』 II, 361쪽 도면 158-208 및 455쪽 사진 321-208.

한편, 웅진기 미구기와에서 살필 수 있는 또 다른 제작기법의 특징으로는 분할방법을 들 수 있다. 백제 웅진기 기와의 분할기법은 대부분 내면에서 외면으로 1차(도 94)에 한정하여 절단하는 것이 일반적이다. 그런데 대통사 창건 수막새 및 미구기와 등을 보면 2차(도 95)에 걸쳐 분할한 것도 다수 살펴지고 있어 대통사 수키와 분할의 한 특징으로 파악되고 있다. 즉, 1차 분할은 와신부의 바닥면에서 미구쪽으로 진행하는데 대부분 와신부의 끝단이나 언강 주변에서 멈추고 있다.[126] 그리고 바로 2차 분할이 시작되는데 이러한 와도흔은 전술한 와신 끝단 부분에서 뚜렷하게 확인되고 있다.[127] 이러한 2차 분할의 경우 한성기 미구기와에서 관찰되지 않는 속성이라는 점에서 웅진기 중국 남조로부터 새로이 유입된 제와술로 추정해 볼 수 있다. 아울러 웅진기 미구기와 중 대통사 출토품에서 다수가 확인되는 것으로 보아 이의 창건과 더불어 등장하였을 가능성이 적지 않겠다.

상기한 분할기법은 경주 육통리가마 출토 미구기와(도 96)[128]에서도 검출되고 있어 주목된다. 즉 와신부의 바닥면에서 시작한 1차 분할은 언강 상단부에서 끝이 나고, 다시 2차 분할이 시작되고 있음을 볼 수 있다. 이는 2차 와도를 긋는 과정에서 발생한 와도흔을 통해 확연히 살필 수 있다. 앞에서 살핀 대통사 창건 미구기와와 2차 와도흔의 위치만 다를 뿐 2회에 걸쳐 와도 분할이 이루어졌음은 동일하다고 할 수 있다. 육통리가마에서는 미구기와 외에 6세기 3/4분기로 편년할 수 있는 판단원형돌기식 수막새를 비롯해 유단식 암막새[129] 등이 검출되어 백제 대통사 관련 와공과 밀접한 관련이 있음을 파악할 수 있다.

---

126) 이는 와도가 그어지지 않은 절단면을 통해 확인할 수 있다.

127) 2차 와도를 긋기 위한 와도흔이 1차 흔과 달리 와도면에서 확연하게 살펴지고 있다.

128) 國立慶州博物館, 2000,『新羅瓦塼』, 185쪽 사진 585 및 585-1. 백제 웅진기 미구기와의 특징을 잘 반영하고 있다. 미구 내면의 물손질흔으로 보아 와신부와 미구는 별도 제작되어 접합되었음을 알 수 있다(미구분리형).

129) 고신라기 유단식 암막새에 대해선 趙成允, 2001,「古新羅 有段式기와에 대하여」『古文化』 제57집 참조.

1차 분할

94

2차 분할　　　　　　　　　　　　　　　1차 분할

95

2차 분할　1차 분할

96

도 94. 공주 반죽동 197-4번지 유적 출토 백제 웅진기 미구기와의 1차 분할
도 95. 공주 반죽동 197-4번지 유적 출토 백제 웅진기 미구기와의 2차 분할
도 96. 경주 안강읍 육통리가마 출토 미구기와

도 97. 판단돌기식 수막새의 수키와 와도면 안쪽 정면흔
도 98. 미구 내면의 깎기 조정
도 99. 미구기와 와신부 바닥면 깎기 조정
도 100. 지두문 암막새 협단부의 깎기 조정

대통사 수막새 미구기와에서 관찰되는 또 다른 특징으로는 분할된 수키와의 와도
면 안쪽에서 0.5cm 이내의 조정 흔적을 들 수 있다(도 97). 이는 두 점의 판단돌기식
수막새에서만 검출되고 있는데 분할 과정에서 발생한 불순물을 제거하기 위한 정면
기법으로 추정된다. 마루수막새로 제작된 판단융기식 수막새 및 판단원형돌기식, 판
단원형식 수막새 등에서는 아직까지 이러한 조정흔이 관찰되지 않는 것으로 보아 대
통사 미구기와에 일반적으로 사용된 제와술로는 파악되지 않는다. 이는 수막새가 아

닌 여느 미구기와를 통해서도 확연하게 살필 수 있다. 따라서 판단돌기식의 수막새에서 관찰되는 와도면 내면의 조정흔은 웅진기 짧은 기간 사용된 수키와의 제와술 중 하나로 이해할 수 있다.[130]

마지막으로 대통사 수막새 및 미구기와에서는 미구의 선단부(도 98)와 와신부의 바닥면(도 99) 안쪽에서 대략 1~2cm 너비로 갂기 조정이 이루어졌음을 살필 수 있다. 이는 암키와에서도 확인되고 있는데[131] 이러한 깎기 조정은 부여지역의 동남리유적 및 관북리 백제유적, 능산리사지, 왕흥사지, 정림사지 등의 백제유적에서 어렵지 않게 살필 수 있다는 점에서 웅진기 제와술과의 유기적 관련성을 찾아볼 수 있다.

이상에서와 같이 대통사 기와에서 관찰되는 여러 특징들은 한성기 및 웅진기의 여타 유적에서 살필 수 없는 초출 자료가 대부분이다. 반면, 이상의 요소들은 중국 전국시대 이후 남북조시대에 이르기까지 다양한 수막새 및 수키와 등에서 관찰되고 있어 이들 제작기법의 계통이 중국 남조에 있었음을 파악케 한다. 따라서 유물에서 간취되는 여러 특성으로 보아 대통사 기와에 참여한 와공들은 백제인 뿐만 아니라 중국 남조의 장인들도 다수 포함되었을 것으로 판단된다. 그리고 특수기와에 해당되는 마루수막새와 치미의 시설과 단청 작업을 위한 남조 조사공 및 화공의 존재도 염두해 두어야 할 것으로 생각된다.

대통사는 양 무제 연호인 '대통'을 사용한 유일무이한 사찰로서 당시 양 무제도 많은 관심을 가졌을 것으로 생각된다. 그리고 성왕 역시도 자신의 롤 모델로 불심천자

---

130) 수막새뿐만 아니라 금번 발굴조사된 미구기와 대부분을 실견해 보았지만 판단돌기식 수막새와 같이 와도 내면을 조정한 사례는 확인할 수 없었다. 물론 제한된 면적에서 수습된 유물만을 대상으로 하였다는 점에서 향후 다른 유적에서의 수막새 및 미구기와에서 조정흔이 검출될 가능성은 얼마든지 있다.

131) 일부에서는 3cm 이상도 확인할 수 있다. 이러한 깎기 조정은 지두문 암막새(도 100)의 단부에서도 살필 수 있는데 즙와 시 기와의 접착을 용이하기 위한 수법으로 판단된다. 이러한 암·수키와 단부에서의 깎기 조정은 사비기 기와에서도 공히 살펴지고 있다. 다만 고려시대 이후 건장치기로 만들어진 내면 조정보다는 짧게 제작되었음을 볼 수 있다.

인 양 무제를 삼았기에 대통사의 창건에 적지 않은 노력을 기울였을 것으로 판단된다. 이러한 양국 정상의 교감의 산물이 바로 금번 발굴조사된 다양한 문양의 수막새와 마루수막새, 지두문 암막새, 치미, 부연와, 연목와, 소조상 등이 아니었을까 생각해 본다.

나가는 말

공주시 반죽동 197-4번지 일원에서는 최근 '대통'명 인각와를 비롯한 수막새, 마루수막새, 지두문 암막새, 유단식 암막새, 소조상 등 다양한 백제 웅진기의 기와가 출토되었다. 이들은 문양이나 제작기법 등에서 한성기와 차이를 보이는 것으로 그 계통이 중국 남조에 있었음을 판단케 한다. 즉 대통사 창건 수막새에서 관찰되는 수키와가공접합법이나 수키와피목접합법 및 회전성형, 횡선 등은 한성기의 수막새에서는 살피기 힘든 제작기법이다. 이는 하나의 원통이 아닌 반와(半瓦)를 사용하였다는 점, 그리고 대량생산 및 규격화를 꾀하였다는 점에서 제와방식의 발전을 이야기 할수 있다. 또한 미구기와의 제작과 관련하여 와신부와 미구를 별도 제작하여 접합한점, 와신부와 언강이 만나는 지점을 내외면 모두 근(近)직각으로 표현한 점, 절단 시 2차 분할을 실시한 점 등도 웅진기 기와 제작의 한 특징으로 이해할 수 있다. 또한 일부 암・수키와(미구기와) 단부 내면에서 관찰되는 3cm 이내의 짧은 깎기 조정도 대통사 기와에서 볼 수 있는 제작기법 중의 하나로 이해할 수 있다.

상기한 여러 제작기법은 사비기의 수막새에서도 큰 차이 없이 나타나고 있다. 그리고 고신라기의 경주 분황사지 및 황룡사지, 육통리가마, 경주공고 부지(전 흥륜사지)[132] 출토 기와뿐만 아니라 588년 백제 장인들이 창건한 일본 아스카데라(飛鳥寺)

132) 이병호, 2013, 「경주 출토 백제계 기와 제작기술의 도입과정 -傳 흥륜사지 출토품을 중심으로-」『한국고대사연구』69.

창건와에서도 찾아지고 있다. 이는 대통사 창건와에 참여한 와공이나 그 계파의 장인들이 신라 및 일본에까지 파견되었음을 의미하는 것으로서 당시 동아시아에서 백제 제와술이 삼국 중 상대적으로 우수하였음을 대변해 주는 것이라 할 수 있다.

전술한 제작기법 외에 수막새에서는 중조기법 및 수날기법, 깎기, 목리조정, 물손질 정면 등이 관찰되었다. 그리고 수막새에 부착된 수키와는 많진 않지만 모두 미구기와였고, 와통을 사용하였다. 아울러 소지는 점토띠가 없이 점토판만 확인되었다. 미구기와에서 관찰되는 이러한 여러 제작기법은 암키와에서도 공히 살펴지고 있어 한성기의 평와 제작기법과는 기본적으로 차이가 있음을 볼 수 있다.

금번 논고에서 제시한 대통사 수막새의 접합기법 및 제작기법은 공주시 반죽동 197-4번지 일원 출토품을 대상으로 한 것이다. 최근 들어 반죽동 176번지와 204-1번지 및 205-1번지 등 여러 지역에서 대통사 관련 수막새 및 토기, 평기와 등이 수습되고 있다. 따라서 향후 좀 더 다양한 대통사 수막새의 접합기법 및 제와술 등이 등장할 것으로 판단된다.[133]

특히 이곳에서 수습된 유단식 암막새의 등면에서는 붉은 칠이 확인되기도 하였다. 이로 보아 암막새가 놓인 연함에 단청이 이루어졌음을 알 수 있고, 이는 와공 외에 화사나 조사공 등도 백제에서 신라로 파견되었음을 추정케 한다.

133) 이 글은 조원창, 2020, 「공주 대통사 백제 수막새의 접합기법과 제와술 검토」 『지방사와 지방문화』 제23권 1호의 내용을 일부 정리한 것이다.

04

기와를 활용한
대통사 전각 건물의 복원

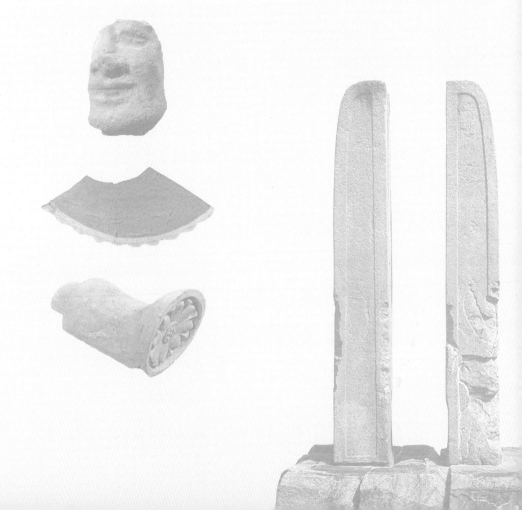

들어가는 말

대통사는 '대통(大通)' 원년인 527년(성왕 6) 공주에 창건되었다. 대통은 중국 남조 양무제의 연호로서 대통사는 그와 불가분의 관계에 있다. 대통사를 창건한 백제 성왕은 사비천도를 준비하면서 한편으로는 구 왕도가 될 공주에 대찰을 창건하였다. 이는 자신의 롤 모델이었던 양 무제에 대한 기원뿐만 아니라 남겨질 왕도의 민(民)들을 위한 위무의 산물이기도 하였다.

대통사지는 일제강점기 이후 반죽동 당간지주의 북쪽 일원으로 추정되었다. 그러나 1990년대 말 해당 지역에 대한 발굴조사 결과 대통사의 흔적이 확인되지 않아 사지는 부재한 것으로 파악되었다.[1] 이후 최근에 이르기까지 당간지주 주변 및 반죽동 197-4번지, 반죽동 176번지, 반죽동 204-1 및 205-1번지 일원에 대한 발굴조사가 진행된 바 있으나 대통사지의 형적[2]은 아직까지 발견되지 않고 있다.[3]

---

1) 해당 지역에서 가루베 지온(輕部慈恩)은 '대통'명 인각와와 백제 웅진기의 수막새, 평기와 등을 다량 수습하였다. 이들 유물은 최근 공주시 반죽동 197-4번지 일원에서 조사한 것과 같은 폐와무지 출토품으로 생각되나 세부 조사가 이루어지지 않아 자세한 내용은 살필 수 없다. 향후 재조사가 필요할 것으로 판단되며, 해당 부지에서 성토층이 확인될 가능성 또한 매우 높다고 생각된다.
   輕部慈恩, 1946, 『百濟美術』, 寶雲舍.
   公州大學校博物館・忠清南道 公州市, 2000, 『大通寺址』.
2) 광의적으로는 대통사와 관련된 중문지나 목탑지, 금당지, 강당지, 회랑지 등을 의미한다. 그리고 협의적으로는 건축물의 하부 구조인 기단이나 초석, 적심석 등을 가리킨다.
3) 반죽동 일원에 대한 발굴(시굴)조사를 시기별로 살피면 아래와 같다.
   공주대학교박물관, 2011.11, 「공주 대통사지 시굴(탐색)조사 약보고서」.
   한얼문화유산연구원, 2018.06, 「공주 반죽동 197-4번지 한옥신축부지 내 유적 소규모 국비지원 발굴조사 약식보고서」.
   嘉耕考古學研究所, 2019.05, 「공주 반죽동(204-1번지 일원) 제2종근린생활시설 신축부지 내 유적(국비) 발굴조사 약식보고서」.

대통사와 관련된 유물은 폐와무지나 성토층에서 다량 수습되고 있으며, 이 중 대부분을 차지하는 것이 기와이다. 기와는 놓이는 위치에 따라 암·수키와, 암·수막새, 마루수막새, 치미, 연목와,[4] 부연와 등 다양한 명칭으로 불리고 있다.[5] 특히 기와 외면에 가로로 주칠(朱漆, 붉은 칠)된 암막새와 암키와는 당시 대통사에 단청이 이루어졌다는 사실 외에 지붕의 와즙(葺瓦) 방식을 이해하는데 결정적 단서를 제공하기도 한다. 그리고 한성기 및 웅진기 유적에서 그 동안 연목와와 부연와가 한 점도 수습된 바 없다는 점에서 대통사의 장식성과 장엄성도 엿볼 수 있다.

이에 본고에서는 지금까지 추정 대통사지에서 수습된 기와를 중심으로 대통사 불전의 지붕 형식과 처마를 구성하는 연목과 부연의 설치 방법 등에 대해 살펴보고자 한다. 이를 위해 발굴조사 과정에서 수습된 마루수막새와 귀접이 미구기와, 주칠된 지두문 암막새와 암키와, 연목와, 부연와 등을 검토해 보도록 하겠다. 아울러 백제

충청남도역사문화연구원, 2019.09, 「공주 대통사지 추정지(3지역) 학술발굴조사 중간 자문회의 자료집」.
한국문화재재단, 2019.10, 「현장공개설명회 자료집〔공주 반죽동 205-1번지 유적〕」.
누리고고학연구소, 2020.05, 「공주 시청-사대부고 도시계획도로 확포장사업부지 내 유적 발굴조사(2차) 4차 학술자문회의 자료집」.
충청남도역사문화연구원, 2020.06, 「대통사지 정비·복원을 위한 학술 발굴조사 공주 반죽동(221-1번지) 대통사지 추정지」.
한국문화재재단, 2020.6, 「소규모 국비지원 발굴조사 학술자문회의 자료집〔공주 반죽동 329-1번지 유적〕」.
한국문화재재단, 2020, 「34. 공주 반죽동 197-4번지(한일문화유산연구원)」 『2018년도 소규모 발굴조사 보고서』 Ⅵ.

4) 연목은 달리 서까래라고도 불리나 본고에서는 연목으로 통칭하고자 한다.

5) 대통사는 백제 웅진기 '대통'명 인각와와 고려시대의 '대통사'명 명문와 등을 통해 527년 이후 고려시대에 이르기까지 그 법맥이 꾸준히 이어졌음을 알 수 있다. 특히 고려 후기로 편년되는 귀목문 수막새의 수습은 대통사가 해당 시기까지 사찰이 운영되었음을 보여주는 결정적인 자료라 할 수 있다.

웅진기 건축문화와 밀접한 관련이 있는 중국 남북조시대의 석굴사원과 일본 아스카(飛鳥)~나라(奈良)시대의 건축물에 대해서도 함께 확인해 보고자 한다.

추정 대통사지에서 수습된 기와를 살펴보다

대통사지로 추정된 반죽동, 봉황동 일원에서는 평기와를 비롯한 수막새와 암막새, 마루수막새, 연목와, 부연와, 치미, 소조상 등이 수습되었다. 수막새는 수키와 끝단에 놓이는 기와로서 연화문이 장식된 드림새와 수키와로 이루어져 있다. 대통사 수막새의 수키와는 미구기와가 거의 대부분을 차지하고 있고, 등면에는 지붕에 못을 박기 위한 못 구멍이 하나씩 뚫려 있다. 드림새와 수키와는 와통에서 한 번에 제작된 것이 있는 반면, 와신과 미구가 별도 제작된 후 접합된 것도 살필 수 있다.[6]

대통사에 사용된 수막새는 백제시대를 비롯한 통일신라시대의 것이 대다수를 차지하고 있다. 백제시대 수막새의 문양은 기본적으로 단판 8엽의 연화문이고, 화판 및 자방 등의 형태에 따라 판단원형돌기식, 판단융기식, 판단돌기식, 판단첨형식, 판단원형식, 소문식 등으로 세분되고 있다(도 1). 이중 대통사 창건와는 판단융기식이 주류를 이루고 있고, 다음으로 판단원형돌기식이 그 뒤를 따르고 있다.[7]

---

6) 이는 미구 내면의 포목흔 유무를 통해 확인할 수 있다. 즉 포목흔이 있으면 수키와의 와신과 미구를 동시에 제작한 것이고(미구일체형), 포목흔이 없이 물손질정면 되어 있으면 별도 제작 후 접합된 것이다(미구분리형). 이 중 후자는 중국 남조의 제와술로 제작된 것이다.
조원창, 2020, 「공주 대통사 백제 수막새의 접합기법과 제와술 검토」『지방사와 지방문화』 제23권 1호.

7) 반죽동 일원 출토 수막새에 대한 형식과 편년은 아래의 논고를 참조.
조원창, 2019, 「백제 웅진기 대통사 창건 수막새의 형식과 계통」『白山學報』 제115호.

① 판단원형돌기식(창건와)

② 판단융기식(창건와)

③ 판단돌기식(창건와)

④ 판단첨형식(창건와)

⑤ 판단원형식(6세기 4/4분기)

⑥ 소문식(7세기)

1

도 1. 공주 반죽동 197-4번지 유적 출토 대통사 수막새의 형식(백제)

한편, 백제 웅진기의 수막새에는 한성기와는 다른 제와술이 적용되었고, 이는 대통사 창건과 관련하여 중국 남조에서 유입된 신기술이었다. 수막새는 드림새와 수키와를 접합하기 위해 다양한 기법이 사용되었고, 빠른 시간 내에 대량생산을 위한 회전성형과 횡선 등의 제와술이 이용되었다. 특히 회전성형의 경우는 부여지역의 백제 사비기 유적뿐만 아니라 신라 분황사지 출토 수막새 및 일본 아스카데라(飛鳥寺)·호류지(法隆寺) 창건와(성조)에서도 살펴지고 있어 백제 와공(제와술)의 신라, 일본 파견 등을 확인케 하고 있다.[8]

암막새[9]는 암키와의 끝단에 놓이는 기와로 대통사에는 지두문과 유단식 암막새[10] 등이 사용되었다. 지두문은 암막새의 끝단을 손가락이나 봉상으로 눌러 제작한 것으로 눌린 곳에는 실제 와공의 지문이 찍혀 있다. 지두문 암막새의 제작 방법

---

8) 이는 한성기 수막새에서 거의 살필 수 없는 제와술로 중국 남조 와공의 유입을 추정케 한다.
   조원창, 2020, 「공주 대통사 백제 수막새의 접합기법과 제와술 검토」『지방사와 지방문화』 제23권 1호.

9) 백제시대에는 지두문 및 유단식 암막새 외에 부여 부소산성에서 수습된 토기구연형 암막새가 있다(扶餘文化財硏究所, 1995, 『扶蘇山城 發掘調査中間報告』, 301쪽 도면 19). 이 형식의 암막새는 경주 월성에서도 여러 점이 수습되어 백제와 신라와의 제와술 교섭을 판단케 하고 있다. 다만, 이 와례의 경우 대통사에서 검출된 바 없어 본고에서는 다루지 않도록 하겠다.

10) 암막새로 보는 가장 큰 이유는 기와 외면의 주칠(朱漆)을 통해서다. 이는 암막새가 놓이는 평고대 위의 연함을 단청하는 과정에서 묻어난 것이기에 기와의 끝단이 아니고서는 주칠이 묻어날 수 없기 때문이다.
    조원창, 2019, 「공주 반죽동 추정 대통사지 발굴조사 내용과 성과」『百濟文化』 제60집, 23쪽.
    이러한 주칠은 최근 자연과학적 분석을 통해 단청 과정에서 발생하였을 가능성이 매우 높은 것으로 판단되었고, 주칠의 안료는 석간주로 파악되었다.
    이찬희, 2020, 『대통사지 추정지 2차 발굴조사 지두문암막새 비파괴 분석 용역 -연구보고서-』, 51쪽 및 64쪽.

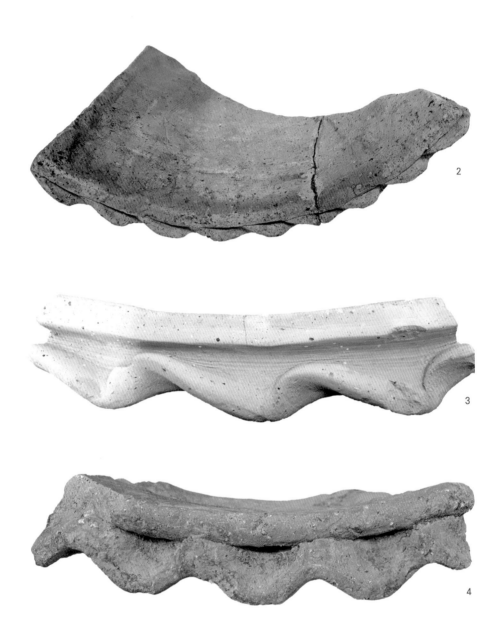

도 2. 공주 반죽동 197-4번지 유적 출토 지두문 암막새(백제)
도 3. 공주 반죽동 204-1번지 유적 출토 지두문 암막새 1(백제)
도 4. 공주 반죽동 204-1번지 유적 출토 지두문 암막새 2(백제)

중 첫 번째는 두터운 끝단 측면을 예새 등을 이용하여 횡으로 그은 다음 아래 부분만을 손가락으로 눌러 문양을 새기는 방식이다(도 2). 두 번째는 암막새의 끝단을 'ㄱ' 자 모양으로 절단하여 목리조정을 한 다음 아래 부분을 봉상으로 누른 후 손가락으로 마무리 하는 방식이다(도 3). 그리고 세 번째는 봉상으로 깊게 누른 후 두 번째 방식과 마찬가지로 손가락으로 정리하는 기법이다(도 4).

부여 군수리사지 출토품(도 5)과의 비교를 통해 위의 세 가지 제작기법 중 첫 번째 방식만이 대통사 창건와로 판단되고, 나머지 두 번째 및 세 번째 방식은 사비기 대통사에 사용된 암막새로 추정된다.[11]

지두문 암막새는 중국 육조 건강성(도 6)[12]을 비롯한 중국 북조 낙양[13] 등지에서도 출토되고 있어 이의 계통이 중국 남북조에 있었음을 확인할 수 있다. 한편 중국 집안 지역의 고구려 고분에서도 많은 지두문 암막새(도 7)[14]가 출토되고 있으나 제작기법과 시문 방법 등에서 대통사의 와례와 차이를 보이고 있다.

---

11) 두 번째, 세 번째 방식 모두 최근 발굴조사에서 처음으로 확인된 사례이다. 첫 번째 방식이 중국 남조의 제와술로 제작된 것이라면 두 번째와 세 번째 방식은 첫 번째 방식을 발전시킨 백제화 된 지두문 암막새라 할 수 있다.

12) 王志高, 2011, 「六朝建康城遺址出土陶瓦的觀察与研究」『한국기와학회 제8회 정기학술대회』, 14쪽 도 17.

13) 국립부여박물관, 1998, 『중국낙양문물명품전』, 119쪽.

14) 고구려 유적 출토 지두문 암막새는 문양이 암막새 끝단(先端)보다는 윗면에 장식되어 있어 차이를 보인다. 그리고 손가락이 아닌 날카로운 도구로 문양을 새겼다는 점에서 엄밀한 의미에서의 지두문 암막새와는 거리가 있다. 麻線2100호묘, 서대묘, 장군총, 칠성산 211호묘, 태왕릉 등에서 지두문 암막새를 살필 수 있다.
吉林省文物考古研究所・集安市博物館, 2004, 『集安高句麗王陵』, 166쪽 圖131, 113쪽 圖91, 356쪽 圖265, 357쪽 圖266, 96쪽 圖74, 326쪽 圖246, 327쪽 圖247.
國立扶餘博物館, 2010, 『百濟瓦塼』, 304쪽 사진 809. 현재 국립중앙박물관에 소장되어 있다.

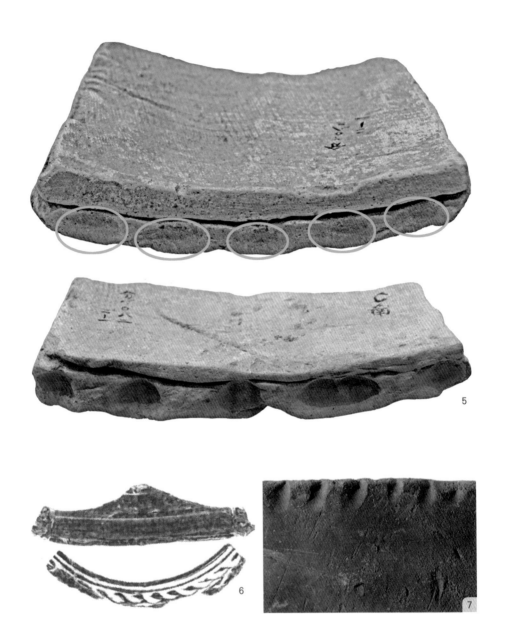

도 5. 부여 군수리사지 출토 지두문 암막새(○ 내부 지두문, 백제)
도 6. 중국 육조시대 건강성 출토 지두문 암막새
도 7. 고구려 지두문 암막새

유단식(도 8)은 암막새의 끝단을 예새 등을 이용하여 'ㄴ'자 모양으로 단(段)이 지게 절단한 것을 말한다. 한성기 풍납토성에서도 유단식 암막새[15]를 살필 수 있으나 예새 등을 이용하여 절단하지 않고, 나무로 눌러 단(段)을 제작하였다는 점에서 대통사 출토품과 차이를 보이고 있다. 반죽동 일원에서 수습된 유단식 암막새의 단(段) 길이는 약 0.3cm 내외로 계측되고 있어 한성기 및 부여지역의 능산리사지(도 9)[16] 및 구아리유적(도 10)[17] 출토품과 비교해 단의 길이 및 제작 기법 등에서 차이가 있음을 발견할 수 있다.

한편, 유단식 암막새는 백제 이외에 신라의 경주지역에서도 출토되고 있다. 즉, 경주 월성(도 11·12)을 비롯한 황룡사지(도 13),[18] 전 흥륜사지(경주공고),[19] 육통리와요지(도 14),[20] 다경와요지(도 15),[21] 하구리유적[22] 등에서 수습된 바 있

15) 소재윤, 2013, 「풍납토성 평기와의 제작공정에 따른 제작기법 특징과 변화」『야외고고학』 제18호, 150쪽 그림 22.

16) 國立扶餘博物館·扶餘郡, 2000, 『陵寺-圖面·圖版-』, 94쪽 도면 77-① 및 『陵寺-本文-』, 80쪽. 2차 조사 과정 중 서회랑지에서 수습되었다. 태선문이 타날되었고, 길이는 41.5cm이다.

17) 扶餘文化財硏究所·忠淸南道, 1993, 『扶餘 舊衙里 百濟遺蹟 發掘調査報告書』, 60~61쪽 삽도 11~13. 2번 암막새의 음각 홈 깊이는 0.2cm 정도이다.
부여지역 출토 유단식 암막새 중 제작기법과 단의 길이 등을 검토해 볼 때 웅진기 대통사 출토품과 친연성이 있는 것은 구아리유적 암막새이다. 특히 이곳에서 검출된 판단원형돌기식 수막새의 경우도 대통사 출토품과 동형와로 판단되고 있다.

18) 황룡사지를 비롯한 남문 남쪽 광장에서도 수습되었다.
경주시·신라문화유산연구원, 2018, 『皇龍寺 廣場과 都市 -황룡사 대지와 후대 유구-』Ⅰ, 302쪽 도면 115-551.

19) 李炳鎬, 2013, 「경주 출토 백제계 기와 제작기술의 도입과정 -傳 흥륜사지 출토품을 중심으로-」『한국고대사연구』 69, 21쪽 도 6-451. 외면에서는 연함의 단청과 관련된 주칠이 확인된다.

20) 國立慶州博物館, 2000, 『新羅瓦塼』, 186쪽 사진 590-1.

21) 國立慶州博物館, 2000, 『新羅瓦塼』, 190쪽 사진 608-1.

22) 慶州大學校博物館, 2000, 「慶州 見谷 下邱里 共同住宅造成豫定敷地 內 埋藏文化財

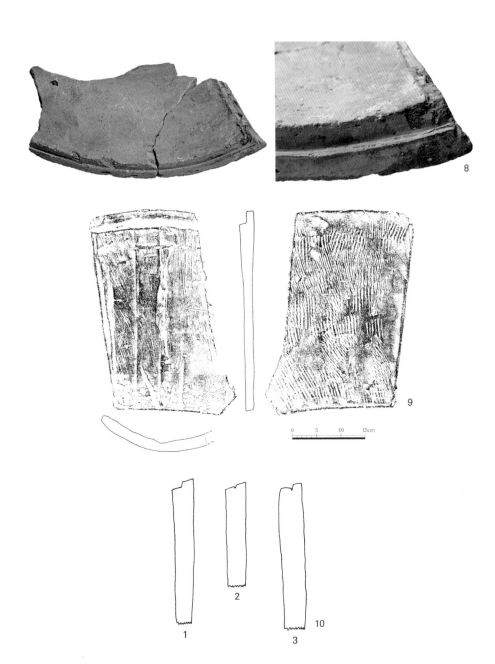

도 8. 공주 반죽동 197-4번지 유적 출토 유단식 암막새(段 길이 약 0.3cm 정도, 백제)

도 9. 부여 능산리사지 출토 유단식 암막새(段 길이 약 2cm 정도, 백제)

도 10. 부여 구아리유적 출토 유단식 암막새(1번 段 길이 0.3~0.6cm, 백제)

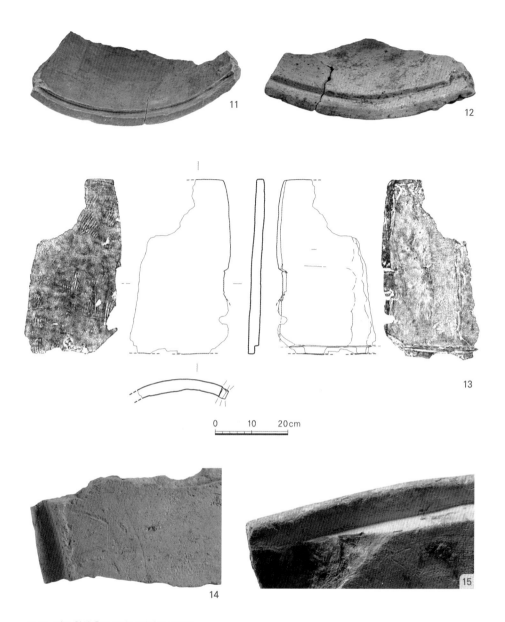

도 11. 경주 월성 출토 유단식 암막새 1(신라)
도 12. 경주 월성 출토 유단식 암막새 2(신라)
도 13. 경주 황룡사지 남문 남쪽 광장 출토 유단식 암막새(신라)
도 14. 경주 육통리와요지 출토 유단식 암막새(신라)
도 15. 경주 다경리와요지 출토 유단식 암막새(신라)

다.[23] 그런데 이들 암막새의 경우 단(段)의 길이가 최소 1~2cm 이상이어서 대통사 출토품과는 큰 차이를 보이고 있다. 따라서 신라의 고토 출토 유단식 암막새는 웅진기보다 사비기의 제와술로 제작되었음을 판단해 볼 수 있다.[24]

마루수막새(도 16)는 지붕의 내림마루나 추녀마루에 놓이는 수막새이다. 일반 수막새의 경우 드림새와 수키와가 일자에 가깝게 접합된 반면, 이 기와는 드림새와 수키와를 약간 곡면으로 접합시켜 마루에 올렸을 때 안정감이 들도록 하였다.[25]

마루수막새는 드림새와 미구기와로 구성되어 있다. 드림새는 판단융기식의 단판 8엽 연화문이고, 자방 내부에는 1+8과의 연자가 배치되어 있다. 자방에 비해 화판을 크게 제작하여 공산성에서 출토된 판단융기식 수막새와는 화판 대비 자방의 형태가 완전 다르다. 미구기와의 내면에서는 정교한 포목흔이 확인되고 있다.[26] 와신과 미구는 내·외면이 수직에 가깝게 결합되어 사비기에 제작된 대부분의 미구기와와 각도상의 차이를 보이고 있다. 와신부에서 와정 수명은 살필 수 없다. 마루수막새의 제작은 드림새의 문양과 미구기와의 접합 각도 등을 통해 527년 무렵으로 추정되었다.[27]

대통사 출토품과 친연성이 있는 삼국시대의 마루수막새는 고구려 환도산성지[28]

試掘調査 略報告書」『지표·시굴조사 종합보고서』. 암막새의 잔존 길이 11.2cm, 잔존 너비 8.9cm, 두께 2.6cm이고 段의 길이는 약 2cm 정도이다.

23) 趙成允, 2001, 「古新羅 有段式기와에 대하여」『古文化』 제57집.

24) 이는 유단식 암막새와 함께 수습된 육통리와요지 출토 연화문 수막새를 통해서도 확인할 수 있다. 이 와례의 경우 판단원형돌기식으로 화판에 비해 자방이 크게 제작되었다는 특징을 가지고 있는데 이는 6세기 3/4분기 백제 사비기 수막새에서 주로 보이는 속성이다.

25) 이러한 마루수막새는 일찍이 고구려유적인 평양 정릉사지(도 17)에서도 수습된 바 있다. 文化財管理局 文化財研究所, 1991, 『北韓文化遺蹟發掘概報』, 74쪽 그림 6.

26) 포목흔의 존재로 보아 와신과 미구는 와통에서 한 번에 제작되었음을 알 수 있다(미구일체형).

27) 조원창, 2019, 「백제 웅진기 대통사 창건 수막새의 형식과 계통」『白山學報』 제115호.

28) 吉林省文物考古研究所·集安市博物館, 2004, 『丸都山城』, 114쪽 圖67.

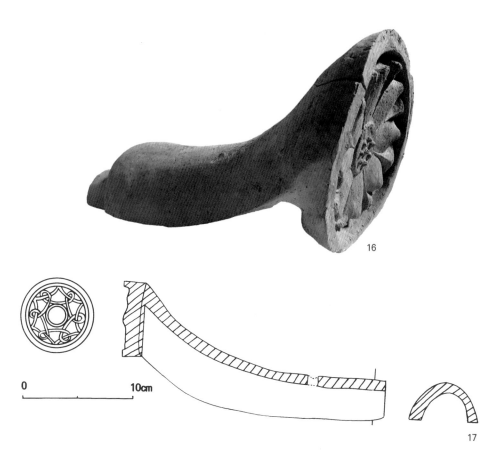

도 16. 공주 반죽동 197-4번지 유적 출토 마루수막새(백제)
도 17. 평양 정릉사지 출토 마루수막새(고구려)

에서 수습되었을 뿐 백제 및 신라유적에서는 확인된 바가 없다. 그런데 수키와 부분이 결실되었을 경우 이것이 수막새인지, 마루수막새인지 언뜻 구분이 쉽지 않다. 따라서 향후 수막새에 대한 면밀한 관찰이 뒤따라야 할 것으로 생각된다.

처마를 구성하는 서까래(연목)의 끝에 사용되는 연목와는 자방의 형태를 중심으로 크게 4가지 형식으로 구분할 수 있다. 그리고 자방 내부의 연자 크기 등에 따라서 다시 세분할 수 있다. 연목와의 개별 형식에 따른 특징과 편년은 다음과 같다.

연목A형식(도 18)은 단판 8엽의 추정 판단돌기식 연목와로 화판에서 볼륨감이 살펴진다. 자방은 돌출되어 있으나 연자가 없다. 크기는 지름 13cm, 자방 직경 5.8cm 정도이다. 자방 주변부에서 중조기법이 확인되고, 중앙부에는 원형의 못 구멍이 투공되어 있다. 화판 사이의 간판은 '▼'형을 띠고 있다.

이 연목와에서 살필 수 있는 가장 큰 특징은 바로 돌출된 자방 내부에 연자가 배치되어 있지 않은 점이다.[29] 이러한 특징을 보이는 연목와는 그 동안 부여지역에서 검출된 바 없다. 자방에 연자가 없는 연화문은 일찍이 중국 북조 석굴사원에서 찾아지고 있어 이의 계통이 중국 남북조에 있었음을 판단케 한다. 즉 북위 운강석굴[30] 제7(도 19)·9(도 20)·10굴(도 21)·12굴(도 22)[31] 및 용문석굴[32] 자향동(도 23)[33] 및 황보공

---

29) 이러한 특징은 대통사 창건와인 판단돌기식 수막새에서도 찾아볼 수 있다.

30) 운강석굴은 중국 3대 석굴 중의 하나로 산서성 대동시 서쪽 약 16km 떨어진 武州川 북쪽에 위치하고 있다. 운강석굴은 3단계에 걸쳐 개착되었다. 제1단계는 460~465년 사이에 개착되었으며, 제16~20굴이 이에 해당된다. 제2단계는 운강석굴 개착의 흥성기로 471~494년에 조성되었다. 제1~3굴과 제5~13굴이 이 단계에 해당되며, 다양한 지붕과 처마로 조영된 불전과 쌍탑, 중심 탑주 등의 倣木造建築이 조각되었다. 제3단계는 쇠락기로서 북위 효문제가 낙양으로 천도한 494년부터 북위 정광 5년인 523년까지 개착된 석굴로 제21~51굴이 이에 해당된다.
李裕群, 2003,「중국북조시기의 석굴사원 종합고찰」『中國의 石窟 雲岡·龍門, 天龍山石窟』, 316~320쪽.

31) 이상 云岡石窟文物保管所編, 1991,『中國石窟 云岡石窟』一, 文物出版社, 사진 164 중.
云岡石窟文物保管所編, 1994,『中國石窟 云岡石窟』二, 文物出版社, 사진 45·75·106.

32) 용문석굴은 북조 중기에 해당되며 하남성 낙양시 성 남쪽 13km 지점인 용문 입구에 조성되어 있다. 493년부터 개착되었으며 古陽洞(493~528년 건조), 蓮花洞(521년 이전 개착), 賓陽中洞, 火燒洞, 慈香洞(520년 건조), 魏字洞(523년 이전 개착), 皇甫公窟(527년 건조), 路洞 등이 북위 대에 조영되었다. 汴州洞은 북제 때 완공되었고, 賓陽南洞, 賓陽北洞, 藥方洞, 趙客師洞, 唐字洞 등은 당대에까지 계속하여 조영되었다.
李裕群, 2003,「중국북조시기의 석굴사원 종합고찰」『中國의 石窟 雲岡·龍門, 天龍山石窟』, 321쪽.
李文生, 1991,「龍門石窟北朝主要洞窟總叙」『中國石窟 龍門石窟』一, 265~280쪽.

33) 龍門文物保管所·北京大學考古系, 1991,『中國石窟 龍門石窟』一, 文物出版社, 사진 44.

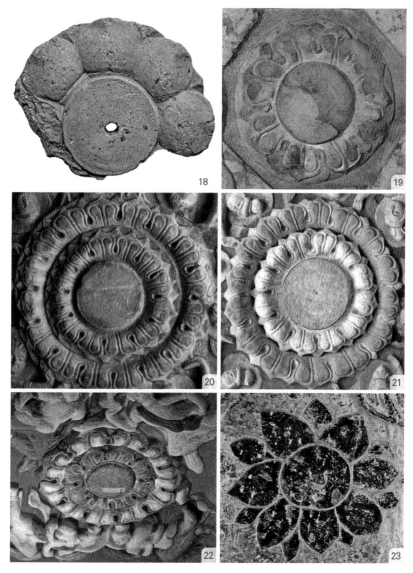

도 18. 공주 반죽동 197-4번지 유적 출토 연목A형식 연목와(백제)

도 19. 중국 운강석굴 제7굴의 연화문(남북조)

도 20. 중국 운강석굴 제9굴의 연화문(남북조)

도 21. 중국 운강석굴 제10굴의 연화문(남북조)

도 22. 중국 운강석굴 제12굴의 연화문(남북조)

도 23. 중국 용문석굴 자향동 정벽 상부의 연화문(남북조)

굴(도 24),[34] 공현석굴[35] 제1·3·4(도 25)·5굴[36] 등에서 연자가 없는 자방을 살필 수 있다. 이러한 중국 북조 연화문과의 비교를 통해 연목A형식은 대통사 창건기인 527년 무렵에 제작되었음을 추정해 볼 수 있다.

연목B형식(도 26)은 단판 8엽의 판단돌기식 연목와이다. 자방은 돌출되어 있고 내부에 연자 2과가 남아 있다. 지름 약 12cm 정도이고, 자방 중앙부에 원형의 못 구멍이 투공되어 있다. 연목A형식과 비교해 화판의 판단부 및 화판, 돌출된 자방 등에서 친연성을 살필 수 있다. 제작 시기는 6세기 2/4~3/4분기로 추정된다.

연목C형식(도 27)은 단판 8엽의 판단삼각돌기식의 연목와이다. 평판화된 자방 외곽에 1조의 원권대가 돌아가고 있다. 화판 사이의 간판은 'T'자형을 이루고 있어 전술한 형식들과 차이를 보인다. 자방 중앙부의 못 구멍은 원형을 이루고 있으다. 연목C형식은 자방 외곽의 원권대로 보아 6세기 4/4분기 무렵에 제작되었음을 판단해 볼 수 있다.[37]

연목D형식(도 28)은 단판 8엽의 판단돌기식 연목와이다. 화판 사이의 간판은 판근이 없는 '▼'형을 띠고 있고, 자방 중앙부에는 방형의 못 구멍이 투공되어 있다. 연목 D형식은 자방 외곽의 단선문 장식으로 보아 7세기 무렵에 제작되었음을 알 수 있다.

---

34) 馬世長, 1991, 「龍門皇甫公窟」『中國石窟 龍門石窟』一, 文物出版社, 243쪽 도면 2.

35) 공현석굴은 하남성 공현에서 동북으로 9km 떨어진 芒山 동쪽 자락의 大力山 남쪽 구릉에 위치하고 있다. 사원은 북위 효문제 때 창건된 것으로 기록되어 있고, 용문석굴과 더불어 북조 중기의 대표적 석굴사원으로 알려져 있다. 제1·2·3·4굴이 중심 석굴에 해당된다.
李裕群, 2003, 「중국북조시기의 석굴사원 종합고찰」『中國의 石窟 雲岡·龍門, 天龍山石窟』, 323쪽.

36) 공현석굴에서의 무연자 연화문은 아래의 보고서를 참조.
河南省文物研究所, 1989, 『中國石窟 鞏縣石窟寺』, 文物出版社, 사진 19(제3굴), 사진 23·177(제4굴), 사진 93·94(제1굴), 사진 24(제5굴) 등.

37) 이처럼 자방 외곽에 1조의 원권대가 돌아가는 연화문은 부여 왕흥사 창건와(577년 무렵)에서도 살필 수 있다.
국립부여문화재연구소, 2011, 『백제 사비기 기와연구』Ⅲ, 44쪽 도판 13.

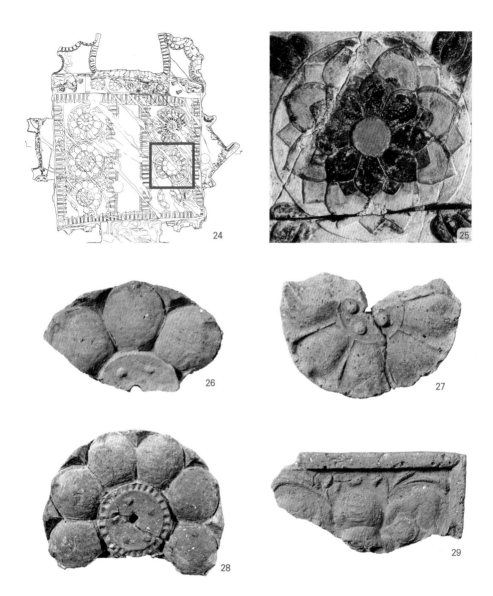

도 24. 중국 용문석굴 황보공굴의 연화문(남북조)
도 25. 중국 공현석굴 제4굴의 연화문(남북조)
도 26. 공주 반죽동 197-4번지 유적 출토 연목B형식 연목와(백제)
도 27. 공주 반죽동 197-4번지 유적 출토 연목C형식 연목와(백제)
도 28. 공주 반죽동 197-4번지 유적 출토 연목D형식 연목와(백제)
도 29. 공주 반죽동 197-4번지 유적 출토 부연와(백제)

겹처마의 부연 끝에 사용되는 부연와는 최근까지의 발굴조사에서 1점이 수습되었다. 부연와(도 29)는 한 변 10cm 정도의 평면 정방형으로 추정되나 현재 절반 이하만 남아 있다.[38] 판구에는 귀면의 얼굴인 눈, 코, 이빨 등이 조각되어 있다. 못 구멍은 평면 방형이고, 중앙부에 한 개가 뚫려 있다. 연목와의 외곽으로는 주연부가 돌아가고 있다.

정방형의 부연와는 그 동안 백제 웅진기 왕성으로 알려진 공주 공산성이나 빈전으로 추정된 정지산유적 등에서 검출되지 않았고, 한성기의 백제유적에서도 수습된 바가 없다. 다만, 사비기로 편년되는 부여 가탑리사지(도 30)와 금성산 와적기단 건물지(도 31)에서만 출토되었다.

추정 대통사지 출토 정방형 귀면와는 연목에 사용되었는지 아니면 부연에 부착되었는지 확실히 알 수 없다. 다만 전술한 연목와와 문양, 출토량에서 볼 때 귀면와는 부연에 부착된 부연와일 가능성이 적지 않다고 생각된다.

추정 대통사지 출토 정방형 부연와는 중국 북조 출토 귀면와(도 32)[39]와 마찬가지로 주연부가 제작되어 있다. 이 와례는 제작 시기가 동위~북제라는 점에서 대통사 창건기보다 후행하나 귀면와의 경우 이미 동진시대에도 제작되고 있어 계통적 측면에서 동위~북제보다는 선행할 것으로 판단된다. 따라서 정방형의 부연와는 사비기의 와례들에 선행하는 527년 무렵에 제작되었음을 추정해 볼 수 있다.

마지막으로 치미는 일부 편만 수습되어 형상 복원이 쉽지 않다(도 33-1). 그 동안 공주지역의 백제 유적에서 치미가 수습되지 않아 비교 자료 또한 부족한 실정이다. 남

---

38) 잔존 길이는 9.5cm 정도이다. 결실된 주연의 너비(약 0.6cm)와 중앙부의 방형 못 구멍 등을 고려하면 부연와의 한 변 길이는 대략 10cm 정도로 추정할 수 있다.

39) 동위~북제시대의 기와로 하북성 임장현에서 수습되었다. 높이 19.6×너비 20.1cm이다. 한 변 약 20cm라는 점에서 추녀나 사래에 사용되었는지, 아니면 연목에 설치하였는지 확실히 알 수 없다. 다만, 규모가 큰 건물인 경우 이와 비례하여 연목 역시도 커진다는 점에서 연목와일 가능성도 충분히 있다.
유금와당박물관, 2011, 『중국위진북조와당』, 32쪽.

30

31

32

1

2

33

도 30. 부여 가탑리사지 출토 부연와(백제)

도 31. 부여 금성산 와적기단 건물지 출토 부연와(백제)

도 32. 하북성 임장현 출토 귀면와(중국 북조)

도 33. 공주 반죽동 197-4번지 유적 출토 치미편(1, 백제)과 부여 왕흥사지 동건물지 북측기단 출토 치미(2, 백제)

아 있는 날개와 종대로 추정컨대 치미 꼬리 부분에 가까운 편으로 판단된다. 초화문은 사비기에 해당되는 부여 왕흥사지 동건물지 북측기단 출토 치미(도 33-2)에서도 확인되고 있는데 후부에 음각 형태로 남아 있다. 이 와례의 경우 꽃봉오리가 상부가 아닌 하부를 향하고 있어 시문기법 및 문양 배치 등에서 대통사 출토품과 차이를 보이고 있다.

치미에서 종대와 관련된 문양은 통일신라기의 경우 보주문이나 4변 화문이 주류를 이루고 있다. 이에 반해 추정 대통사지 출토 초화문은 부여 왕흥사지 출토품과 친연성이 있어 백제시대 작품일 가능성이 매우 높다.

기와를 통해 대통사 불전 지붕을 복원해 보다

여기에서는 최근까지 공주시 반죽동 일원에서 수습된 기와류를 중심으로 백제 웅진기 대통사의 불전 지붕을 시론적으로 검토해 보는데 목적이 있다. 이를 위해 지붕의 형태와 즙와 방식을 마루수막새나 귀접이 미구기와, 그리고 암막새 등을 통해 추정해 보도록 하겠다. 아울러 부족한 자료는 중국 남북조시대의 석굴사원과 일본의 평성궁적을 참조해 보완하고자 한다.

지붕은 마루의 구성에 따라 팔작지붕(도 34), 우진각지붕(도 35), 맞배지붕(도 36), 모임지붕(도 37) 등 다양하게 분류할 수 있다.[40] 이 중 팔작지붕은 용마루, 내림마루, 추녀마루[41]로 구성되어 있고, 우진각지붕은 용마루와 추녀(귀)마루, 맞배지붕은 용마루와 내림마루, 모임지붕은 추녀마루로만 시설되어 있다.

---

40) 김왕직, 2012, 『알기쉬운 한국건축용어사전』, 동녘.
41) 달리 '귀마루'라고도 한다.

도 34. 영주 부석사 안양루 팔작지붕의 용마루와 내림마루, 추녀마루
도 35. 우진각지붕의 용마루와 추녀마루
도 36. 공주 갑사 대웅전 맞배지붕의 용마루와 내림마루
도 37. 서울 경복궁 집옥재 모임지붕의 추녀마루

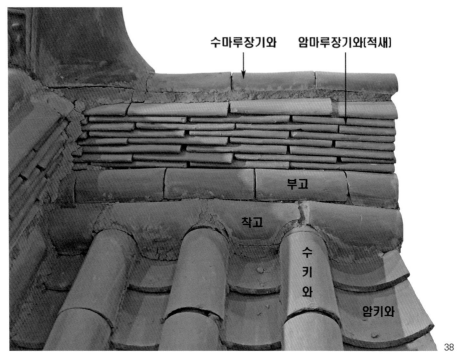

수마루장기와　　암마루장기와(적새)

부고

착고

수키와

암키와

38

치미

39

마루수막새

동단식와

40

도 38. 용마루를 구성하는 수마루장기와, 암마루장기와(적새), 부고, 착고 등의 기와
도 39. 치미의 위치. 용마루 좌우에 놓여 있다.
도 40. 동단식와와 마루수막새의 위치

마루는 여러 종류의 기와로 적재되어 있는데 흔히 수막루장기와를 위로하여, 암마루장기와(적새), 부고, 착고 등이 차례로 놓여 있다(도 38). 착고는 사천왕사지 출토품으로 보아 통일신라기에는 확실하게 즙와되었음을 알 수 있으나 백제 웅진기에도 동일하게 사용되었는지는 확언하기 어렵다. 용마루의 좌우에는 치미가 놓여 있으며(도 39), 내림마루나 추녀마루의 끝단에는 마루수막새와 동단식와(棟端飾瓦, 이상 도 40~42) 등이 놓이기도 한다.

마루수막새는 일반 수막새와 달리 와신부에 못 구멍이 없다(도 43-1). 못은 지붕 끝단에 설치된 수막새가 하중에 의해 아래로 떨어지는 것을 방지하는 역할을 한다. 마루수막새에 못 구멍이 없다는 것은 못 구멍이 마련된 일반 수막새(도 43-2·3)에 비해 경사도가 완만한 곳에 설치되었음을 의미한다. 이러한 판단은 부여 능산리사지 및 군수리사지, 관북리유적 및 익산 미륵사지, 제석사지 폐기장 등에서 수습된 수막새의 못 구멍 현황을 통해서도 충분히 확인할 수 있다.[42] 이에 대해서는 다음의 표 1이 주목된다.

---

42) 국립부여문화재연구소, 2009, 『扶餘 官北里百濟遺蹟 發掘報告-2001~2007년 調査區域 百濟遺蹟篇-』Ⅲ, 195쪽 도면 71-21, 202쪽 도면 74-39, 205쪽 도면 76-42, 223쪽 도면 84-83, 229쪽 도면 86-96, 241쪽 도면 90-129 및 189쪽 도면 68-1.
忠南大學校博物館·忠淸南道, 1999, 『扶餘官北里 百濟遺蹟 發掘報告』(Ⅱ), 49쪽 삽도 3-①·②.
國立博物館, 1969, 『金剛寺』.
國立扶餘博物館·扶餘郡, 2000, 『陵寺-圖面·圖版-』, 90쪽 도면 73-⑦, 135쪽 도면 118-①·②, 136쪽 도면 119-①·②, 137쪽 도면 120-①·②, 138쪽 도면 121-①·②, 139쪽 도면 122-①·②, 140쪽 도면 123-①·②, 166쪽 도면 149-①·②, 167쪽 도면 150-①·②, 168쪽 도면 151-①·②, 169쪽 도면 152-①·②, 170쪽 도면 153-①, 178쪽 도면 161-⑤, 202쪽 도면 185-①·② 및 91쪽 도면 74-②.
國立扶餘博物館, 2007, 『陵寺 부여 능산리사지 6~8차 발굴조사보고서』, 222쪽 도면 78-1.
국립부여문화재연구소, 2019, 『帝釋寺址-제석사지 폐기유적- 발굴조사보고서』Ⅲ, 89쪽 도면 9-1·2, 96쪽 도면 16-42, 111쪽 도면 31-110·111, 112쪽 도면 32-112·113, 113쪽 도면 33-114 및 114쪽 도면 36-117, 209쪽 도면 74-289.

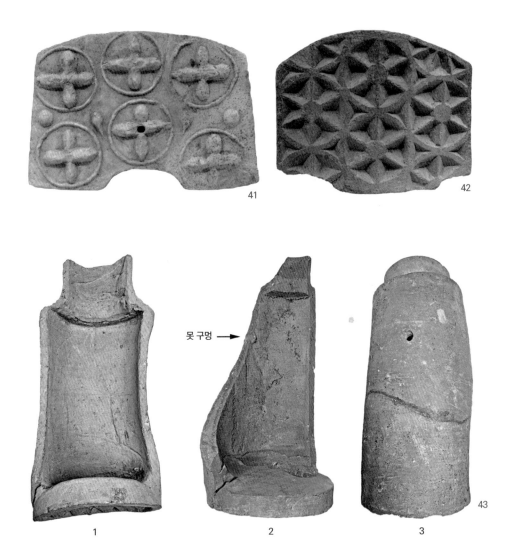

못 구멍 ——▶

1   2   3

도 41. 부여 쌍북리유적 출토 동단식와(백제)

도 42. 부여 부소산사지 출토 동단식와(백제)

도 43. 공주 반죽동 197-4번지 유적 출토 마루수막새(1, 백제)와 못 구멍이 있는 수막새(2 · 3, 백제)

표 1. 백제 유적 출토 수막새의 못 구멍 유무 현황

유 적 명		미구기와 못 구멍		토수기와 못 구멍	
		有	無	有	無
부여	능산리사지	26	·	·	1
	군수리사지	1	·	·	·
	왕흥사지	4	2	·	1
	금강사지	·	·	·	·
	부소산사지	1	·	·	·
	관북리유적	6		3	
	정암리 가마5터	2			
익산	미륵사지	1	·	·	·
	제석사지 폐기장	8		2	
	왕궁리유적	4		2	
총계		53	2	7	2

국립부여문화재연구소, 2010a,『扶餘軍守里寺址 -木塔址·金堂址 發掘調查報告書-』Ⅰ, 107쪽 도면 46-37.

國立扶餘文化財研究所, 1996,『彌勒寺 遺蹟發掘調查報告書(圖版編)』Ⅱ, 429쪽 도면 46-⑧.

國立扶餘博物館, 1988,『扶餘亭岩里가마터(Ⅰ)』, 10쪽 삽도 3-①.

국립부여박물관, 2017,『扶餘扶蘇山寺址』, 74쪽 도 61-052.

국립부여문화재연구소, 2012,『王興寺址』Ⅳ, 91쪽 도면 20-024, 93쪽 도면 21-030, 160쪽 도면 60-216, 171쪽 도면 69-233.

국립부여문화재연구소, 2014,『王興寺址 기와가마 발굴조사 보고』Ⅴ, 113쪽 도면 47-87.

국립부여문화재연구소, 2016,『王興寺址』Ⅶ, 61쪽 도면 19-23, 145쪽 도면 73-198.

國立扶餘文化財研究所, 2006,『王宮里 發掘中間報告』Ⅴ, 265쪽 유물번호 372번, 267쪽 유물번호 374번, 298쪽 유물번호 417번 및 268쪽 유물번호 375번.

國立扶餘文化財研究所, 2008,『王宮里』Ⅵ, 219쪽 수막새 126번.

國立扶餘文化財研究所, 2010b,『王宮里 發掘中間報告』Ⅶ, 45쪽 수막새 5번.

부여 정림사지 및 용정리사지, 동남리유적, 금성산 와적기단 건물지에서는 못 구멍이 있는 수막새가 검출된 바 없다.

이상의 사례로 볼 때 못 구멍이 없는 마루수막새는 기와 등 끝단에 설치된 못 구멍이 있는 일반 수막새와 비교해 급경사에 해당되는 내림마루에는 설치되기 어려웠을 것으로 판단된다. 아울러 용마루에는 기본적으로 치미가 놓였음을 볼 때 대통사 출토 마루수막새는 추녀마루에 설치되었을 가능성이 가장 타당해 보인다.

추녀마루는 팔작지붕이나 우진각지붕에 조성되는 것으로서 대통사 불전에 추녀마루가 시설되었을 것이라는 점은 귀접이 미구기와를 통해서도 파악해 볼 수 있다. 여기에서는 197-4번지에 수습된 귀접이 미구기와를 중심으로 추녀마루와의 관련성을 살펴보고자 한다.

귀접이 미구기와(도 44)[43]는 일반 미구기와와 비교해 와신의 하단 양쪽을 귀접이 했다는 특징이 있다. 이는 복원된 일본 평성궁의 동 대극전(東 大極殿, 도 45)을 참고로 할 때 추녀마루의 수마루장기와 위에 시설되었음을 알 수 있다. 즉 수마루장기와에 귀접이기와를 올리기 위해선 접착의 용이함을 위해 와신의 하단을 귀접이 할 수밖에 없었던 것이다. 그리고 귀접이 기와가 사용된 곳은 기본적으로 착고를 사용하지 않고 즙와하였음도 확인할 수 있다. 물론 이것이 복원된 일본 나라시대 건축물을 참조해 추정하였기 때문에 백제 웅진기까지 소급시킬 수 있는지에 대해서는 또 다른 논의의 대상이 될 수 있다. 하지만 중국 낙양 용문석굴 고양동(古陽洞)[44]에 조각된 팔작지붕의 추녀마루(도 46)[45]와 평성궁적 동 대극전의 추녀마루가 축조기법 등에서 큰 차이가 없음을 볼 때 백제 웅진기의 대통사 또한 이들과 유사한 마루 구조를 갖추지 않았을까 추정해 본다. 특히 극미한 수량이지만 마루수막새가 수습되고, 이와 동 시기로 편년되는 귀접이 미구기와가 출토되었다는 점에서 백제 웅진기 건축물 지붕의 즙와기법 중 하나로 파악해 보는 것도 큰 무리는 아닐 것이라 판단된다.[46]

---

43) 토수기와도 가능하다. 이 때 귀접이가 이루어지는 곳은 폭이 좁은 와신부이다.

44) 북위시대인 493~528년에 건조되었다.

45) 龍門文物保管所·北京大學考古系, 1991, 『中國石窟 龍門石窟』一, 文物出版社, 275쪽.

46) 한편, 수(隋)대에 제작된 도방(陶房) 등을 보면 내림마루나 추녀마루가 동단식와 높이로 높

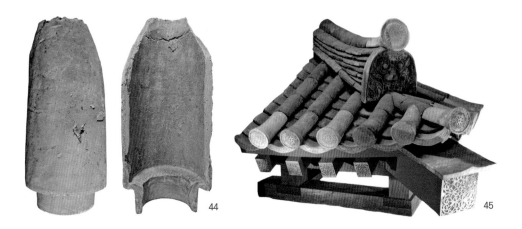

도 44. 공주 반죽동 197-4번지 유적 출토 귀접이 미구기와(백제)

도 45. 복원된 일본 평성궁적의 동 대극전 모형

도 46. 중국 낙양 용문석굴 고양동 서남우 상부 팔작지붕과 홑처마(평연)

추정 대통사지에서 수습된 마루수막새와 귀접이 미구기와를 통해 대통사의 주요 불전 지붕은 팔작이나 우진각이었을 가능성이 적지 않다. 물론 회랑과 같은 소규모의 전각은 맞배지붕도 가능하다. 그런데 추정 대통사지에서 수습된 연목와나 부연와, 치미, 마루수막새, 지두문 암막새 등은 그 동안 한성기의 백제 유적이나 웅진기의 왕성인 공산성 및 정지산유적 등에서도 검출되지 않은 새로운 기와로서 중국 남조와의 교섭을 통해 유입되었음을 파악케 한다. 이러한 가능성은 한편으로 수막새 뒷면에서 관찰되는 회전성형이나 횡선 등의 제와술, 수키와와 미구의 별도 제작 후 접합, 드림새와 수키와의 수키와가공접합기법 등 중국 남북조 조와기법을 통해서도 확인할 수 있다. 이처럼 웅진기 대통사에서 검출되는 중국 남북조시대의 제와술은 대통사 창건 당시 중국 남북조시대에 유행하였던 기와들이 공주지역에 새롭게 유입되었음을 의미하는 한편, 이들 기와들이 즙와되었던 당시 남북조시대의 건축물 지붕과도 밀접한 관련이 있었을 것으로 생각된다. 따라서 여기에서는 대통사가 창건될 무렵 중국 남북조시대의 지붕 형식을 통해 대통사의 불전 지붕을 유추해 보고자 한다.

현재 중국도 우리나라와 마찬가지로 중국 남북조시대의 기와 건물은 거의 남아 있지 않다. 다만, 돈황 막고굴이나 운강 중기 단계의 석굴, 용문석굴 고양동 등에 조각된 방목조건축물(倣木造建築物)이나 벽화 등을 통해 당시의 지붕 형식을 유추해 볼 수 있을 뿐이다.

석굴사원에 조성된 건축물에는 흔히 불·보살 등이 모셔져 있어 불전임을 알 수

게 쌓여있음을 볼 수 있다. 특히 추녀마루의 경우 기와등 보다 훨씬 높게 즙와되었음을 확인할 수 있다. 이는 전술한 용문석굴 고양동의 기와집과 일본 나라시대 동 대극전의 추녀마루와 높이면에서 큰 차이가 있음을 보여준다. 이러한 추녀마루의 변화는 단편적이지만 유구·유물의 비교를 통해 남북조시대에서 隋代로 바뀌며 나타난 즙와의 변천으로 이해된다. 郭燦江 외, 2009, 『河南博物院』, 75쪽.

있다. 여기에서는 남북조~당대에 해당하는 운강석굴과 용문석굴, 공현석굴, 돈황 막고굴 등의 사례를 통해 불전의 지붕 형식과 그 변화를 살펴보도록 하겠다.[47)

남북조시대의 불전 지붕은 시기에 따라 약간의 차이를 보이고 있다. 예컨대 북조 전기의 운강석굴 제2단계(471~494년)에 조각된 방목조건축의 경우 불전의 대부분은 우진각지붕(도 47)[48)을 하고 있다. 그런데 용문석굴의 고양동(493~528년) 단계에 이르면 우진각지붕(도 48)[49) 외에 팔작지붕이 서남 모서리 상부(도 49)[50)와 남벽(도 50)[51) 등에서 보이고, 이는 노동(路洞, 북위 말)의 동벽과 남벽(도 51), 북벽(도 52) 등에서 동일하게 찾아지고 있다.[52) 이러한 지붕 형식의 변화는 북조 전기(460~494년)에서 중기(494~534년)로 넘어가며 팔작지붕이 이전 시기에 비해 점차 증가하고 있음을 확인케 하는 것이라 할 수 있다.[53)

---

47) 중국 남북조시대의 불전 지붕 형식을 검토함에 있어 기존에 발간된 보고서를 참조하였다.
云岡石窟文物保管所編, 1991, 『中國石窟 云岡石窟』一, 文物出版社, 사진 164 중.
云岡石窟文物保管所編, 1994, 『中國石窟 云岡石窟』二, 文物出版社, 사진 45 · 75 · 106.
龍門文物保管所 · 北京大學考古系, 1991, 『中國石窟 龍門石窟』一, 文物出版社.
龍門文物保管所 · 北京大學考古系, 1992, 『中國石窟 龍門石窟』二, 文物出版社.
國立昌原文化財研究所, 2003, 『中國의 石窟 雲岡 · 龍門 · 天龍山石窟』.
蕭默, 1989, 『敦煌建築研究』, 文物出版社.

48) 云岡石窟文物保管所編, 1994, 『中國石窟 云岡石窟』二, 文物出版社, 사진 36 중.

49) 龍門文物保管所 · 北京大學考古系, 1991, 『中國石窟 龍門石窟』一, 사진 138.

50) 龍門文物保管所 · 北京大學考古系, 1991, 『中國石窟 龍門石窟』一, 사진 137.

51) 龍門文物保管所 · 北京大學考古系, 1991, 『中國石窟 龍門石窟』一, 사진 148.

52) 龍門文物保管所 · 北京大學考古系, 1991, 『中國石窟 龍門石窟』一, 사진 210, 211, 215, 216, 220, 221.

53) 이는 529년에 조성된 낙양 寧懋石室 내 선각화(도 53)에서도 살필 수 있다.
劉敦楨, 1992, 『劉敦楨文集』四, 420쪽 圖15.
郭建邦, 1999, 「北魏寧懋石室和墓志」 『古建築石刻文集』, 中國大百科全書出版社, 184~193쪽.

성왕, 공주에 대통사를 세우다

53

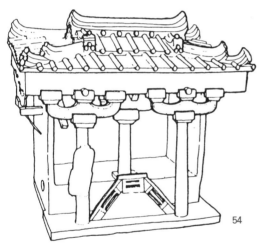

54

도 47. 중국 운강석굴 제9굴 후실 남벽 동측의 우진각지붕(남북조)

도 48. 중국 용문석굴 고양동 서북우 상부의 우진각지붕(남북조)

도 49. 중국 용문석굴 고양동 서남 모서리 상부의 팔작지붕(남북조)

도 50. 중국 용문석굴 고양동 남벽 중층 제1과 제2의 龕間 팔작지붕(남북조)

도 51. 중국 용문석굴 노동 남벽 상옥 내측 팔작지붕(남북조)

도 52. 중국 용문석굴 노동 북벽 상옥 내측 팔작지붕(남북조)

도 53. 중국 낙양 출토 영무석실 내 선각화 중 팔작지붕(남북조)

도 54. 중국 사천성 목마산 동한대 애묘 출토 명기의 팔작지붕

우진각에서 팔작지붕으로의 변화는 북조 말기의 북제 및 통일제국인 수대,[54] 당대[55]에 극명하게 살필 수 있고, 그 대상도 불전뿐만 아니라 불비(佛碑), 도방(陶房), 석관(石棺)에 이르기까지 다양한 유적·유물에서 확인되고 있다. 그런데 사실 팔작지붕은 이미 한대부터 조영되었음이 사천성 목마산 애묘(崖墓) 출토 명기(도 54)[56]를 통해 살필 수 있다. 그리고 앞에서 살펴본 대로 남북조시대에 이르기까지 계속적으로 조영되었으나 수적인 측면에서 우진각지붕이나 맞배지붕에 비해 눈에 띄지 않았던 것이다.

이러한 중국에서의 지붕 구조 변화는 남조로부터 많은 영향을 받았던 웅진기 대통사 주불전에도 대차 없이 적용되었을 것으로 판단된다. 그런 점에서 웅진기 대통사 불전의 지붕은 기존의 우진각지붕보다 새롭게 등장하였던 팔작지붕일 가능성이 좀 더 높다고 생각된다. 이는 전술하였듯이 백제의 건축문화에 영향을 준 중국 남북조시대의 방목조건축의 사례가 그렇고, 또한 백제의 건축문화 영향을 받은 일본 법륭사의 오층목탑과 금당, 옥충주자, 정창원, 평성궁적의 전각 등을 통해서도 추정해볼 수 있다.

마지막으로 주불전의 용마루에는 치미[57]가 놓였을 것으로 판단된다. 추정 대통사

---

54) 수대의 팔작지붕에 대해선 아래의 논고를 참조.
張家泰, 1999, 「隋代建築若干問題初探」『古建築石刻文集』, 中國大百科全書出版社.
鄭岩, 2002, 『魏晉南北朝壁畵墓研究』, 236쪽 도163.
河南博物院, 2009, 『河南博物院』, 138쪽 사진 144.
현승욱, 2019, 「중국 남북조 및 수당시기 고대 건축 형태에 관한 사례연구」『백제시대 건물지 지상구조 고증을 위한 학술포럼』, 55쪽 표 2.
55) 돈황 막고굴 및 의덕태자묘 벽화 등에서 다수의 팔작지붕을 볼 수 있다.
蕭默, 1989, 『敦煌建築研究』, 文物出版社.
56) 劉敦楨 著·鄭沃根 外 共譯, 2004, 『중국고대건축사』, 128쪽 그림 48.
중국에서는 팔작지붕을 歇山, 우진각지붕은 廡殿, 맞배지붕은 懸山이라 부르고 있다.
劉敦楨, 1992, 『劉敦楨文集』四, 410쪽 圖2.
57) 치미의 등장은 중국 서진(西晉)시대로 보고 있다.

지에서 수습된 치미의 경우 일부 편만 남아 있어 그 시기를 정확히 알 수 없으나 중국 남북조시대의 석굴사원에 묘사된 불전의 경우 거의 대부분 치미가 설치되어 있다는 점에서 백제 웅진기 대통사 불전에도 치미가 놓였을 가능성은 충분하다고 생각된다.

대통사 전각 건물의 기와 잇기를 복원해 보다

대통사에 사용된 지두문 및 유단식 암막새의 일부를 보면 등면에 가로 방향의 붉은 칠(朱漆)을 볼 수 있다. 이는 문양이 있는 선단부에서 안쪽으로 약 13~17cm 지점에 가로 방향으로 칠해 있다.[58]

암막새는 처마를 구성하는 연함(도 55)[59]이라는 부재 위에 올려지는데 주칠은 암막새의 선단부가 연함으로부터 얼마만큼 내밀어졌는지를 계측할 수 있는 중요한 기준이 된다. 그리고 암막새에서 흘러내린 유수에 의해 형성된 낙수구의 경우 기단 외곽에 형성되기 때문에 향후 기단을 복원함에 있어서도 중요한 자료로 활용될 수 있다.

주칠은 한편으로 지붕의 기와 잇기 복원에도 도움이 될 수 있다. 즉 지붕에서의 즙와가 2매 잇기 인지, 아니면 3매 잇기 인지는 지붕의 하중이나 복원의 신뢰성 측면에서 아주 중요한 부분이라 할 수 있다. 이런 점에서 연함에 놓인 암막새나 암키와의 위치는 기와 잇기에서 중요한 기준선이 되는 것이다.

今井晃樹, 2018, 「동아시아에 있어서 치미의 보편성과 다양성」 『치미 하늘의 소리를 듣다』, 국립부여문화재연구소 외, 152쪽.

58) 주칠이 이루어진 부분은 기와마다 약간의 차이를 보이고 있다. 이는 즙와 과정에서 계량적 수치보다는 번와공의 손놀림에 의해 결정되기 때문인 것으로 생각된다.

59) 연함은 암막새나 암키와를 놓기 위해 오목하게 치목한 부재로서 이의 작업은 건축공이 아닌 와공들의 소관이었다. 연함 밑에는 평고대라 불리는 부재가 기둥과 기둥 사이에 놓여 있다. 연함과 암막새 및 암키와가 상하 붙어있기 때문에 연함을 단청하는 과정에서 부득이하게 기와에 묻은 것으로 파악된다.

도 55. 연함은 암키와나 암막새를 놓기 위해 파도
　　　처럼 치목한 부재를 말한다.
도 56. 공주 반죽동 197-4번지 유적 출토 지두
　　　문 암막새 1(백제). 대략 13.5cm 지점에
　　　서 연함에 걸쳐짐

　　금번 연구 대상 유물 중 전체 길이를 알 수 있는 암막새는 대략 두 점 정도에 불과
하다. 지두문 암막새 1(도 56)은 외면에서 주칠이 확인되고 있다. 암막새 1은 전체 길
이가 39cm이고, 선단부에서 13.5cm 되는 지점에 주칠이 횡으로 그어져 있다. 주칠
이 그어진 부분이 연함에 놓인 부분이고, 이 부분 위로 암키와가 올려졌음을 볼 때
전체 길이의 약 1/3~1/2 되는 지점에 상면의 암키와가 놓였음을 알 수 있다. 지두문

암막새 2(도 57)는 외면에 주칠이 칠해 있지 않으나 내·외면에서 연함 및 상부 기와와 겹친 흔적이 희미하게 확인되고 있다. 암막새 2는 전자와 마찬가지로 길이가 39cm 이고, 기와가 겹친 부분은 선단부에서 약 17cm 떨어진 지점에서 나타나고 있다. 이 렇게 볼 때 후자의 경우도 전체 길이의 약 1/3~1/2 지점에 암키와가 즙와 되었음을 알 수 있다. 지두문 암막새 3(도 58)의 경우도 전술한 암막새 2와 마찬가지로 기와의 외면에서 주칠은 확인되지 않는다. 하지만 지두문이 있는 선단부에서 대략 13cm 떨어진 지점에서 연함 및 상부 암키와와 즙와된 부분이 선명하게 살펴지고 있다.

이상에서와같이 외면에 주칠이 그어진 암막새를 통해 연함에 놓인 정확한 지점을 살펴보았다. 그 결과 대략 13~17cm 지점에서 하부의 연함과 상부의 암막새가 접해 지고 있음을 확인할 수 있다. 특히 완형의 암막새를 기준으로 할 때 전체 길이에서 연함 및 상부 암키와와 겹쳐지는 부분은 1/3~1/2 지점에 해당됨을 알 수 있다.

지붕에서 암막새가 놓이면 그 위로 차례로 암키와가 놓이게 된다. 첫 번째 암키와 는 위에서 살핀 바와 같이 13~17cm 지점에서 즙와되고 있음을 볼 수 있다. 두 번 째 암키와부터는 참고 자료가 없어 정확한 지점을 추산하기가 쉽지 않으나 국내외의 복원 자료를 통해 그 편린을 살펴보도록 하겠다.

일본 나라시대의 평성궁적은 발굴조사를 토대로 하여 복원작업이 진행되고 있다. 이 중 동 대극전의 기와 지붕을 보면 두 번째 암키와부터는 첫 번째 암키와에 비해 좀 더 뒤쪽에 기와가 놓이고 있음을 볼 수 있다. 그리고 마지막 암키와는 용마루까지 의 길이를 고려하여 필요한 부분만큼 절단하여 사용하였음을 살필 수 있다.

이상과 같은 비교 자료를 참조해 본다면 대통사 불전 지붕의 기와는 두매 잇기 로 행해졌을 가능성이 높다. 즉 39cm의 기와를 기준으로 할 때 첫 번째 암키와는 13~17cm 지점에서 암막새 위에 올려지고, 두 번째 암키와부터는 대략 20cm 내외 에서 상면 암키와와 겹쳐졌을 것으로 판단된다.

기와 외면에서의 주칠은 암막새 외에 암키와에서도 살필 수 있다. 이는 막새가 사 용되지 않은 전각의 즙와 상황을 알려주는 것으로서 비록 조각으로 남아 있으나 그

도 57. 공주 반죽동 197-4번지 유적 출토 지두문 암막새 2(백제). 대략 17cm 지점에서 연함에 걸쳐짐.

도 58. 공주 반죽동 197-4번지 유적 출토 지두문 암막새 3(백제). 대략 13cm 지점에서 연함에 걸쳐짐.

도 59. 공주 반죽동 197-4번지 유적 출토 암키와 1(백제)

도 60. 공주 반죽동 197-4번지 유적 출토 암키와 2(백제)

의미는 결코 소홀히 될 수 없을 것이다. 암키와 1(도 59)60)과 2(도 60)는 깎기 조정이 이루어진 선단부에서 약 13~14cm 떨어진 지점에 주칠이 이루어져 있다. 이는 앞에서 살핀 바와 같이 암막새가 연함에 걸쳐진 지점을 의미하는 것으로서 암키와에서도 큰 차이가 없음을 살필 수 있다. 이러한 주칠의 흔적은 암막새와 마찬가지로 암키와가 놓인 전각의 경우도 2매 잇기로 기와가 즙와되었음을 보여주는 것이라 할 수 있다.

지두문 암막새와 유단식 암막새, 그리고 암키와의 외면에서 관찰되는 횡방향의 주칠은 앞에서 살핀 즙와 외에 건물의 단청과도 밀접한 관련이 있어 살펴보고자 한다. 기와골 끝단에 놓이는 암막새나 암키와는 평고대 위에 시설된 연함이라는 부재 위에 놓이고 있다. 따라서 연함이라는 곳을 단청하다보면 무의식적으로 이와 접해 있는 암막새나 암키와의 등면에도 주칠을 하게 된다.

그렇다면 과연 연함이나 평고대의 주칠을 처마나 공포, 기둥 부재까지도 확대할 수 있을까? 이는 아마도 당시 대통사에 건축문화를 전파한 중국 남북조시대 건축물의 사례를 통해 비교해 보아야 할 것으로 생각된다.

전술하였듯이 중국 남북조시대의 건축물은 흔히 석굴 사원 내의 조각을 통해 그 양상을 파악해 볼 수 있다. 석굴 사원의 전각은 치미나 기와, 연목, 공포, 기둥 등이 비교적 상세하게 표현되어 있으며, 다양한 색채로 채색되어 있음을 볼 수 있다(도 61).61) 이처럼 남북조시대의 석굴사원에 채색이 이루어졌다는 것은 당시의 건축물에도 단청이 이루어졌음을 반영하는 것이라 할 수 있다.

따라서 주칠을 단청의 과정에서 생겨난 결과물로 이해하는데 무리가 없다면 대통사를 구성하는 여러 전각 즉, 목탑이나 금당 외에 회랑이나 강당과 같은 건축물에도 단청이 이루어졌을 것으로 생각된다. 이는 주칠이 암막새뿐만 아니라 암키와에서도

---

60) 주칠이 '一'자로 칠해 있지 않고, 약간 아래로 치우친 것으로 보아 당시 즙와 과정에서 암키와가 삐딱하게 놓였음을 알 수 있다.

61) 云岡石窟文物保管所編, 1994, 『中國石窟 云岡石窟』二, 文物出版社, 사진 42 중.

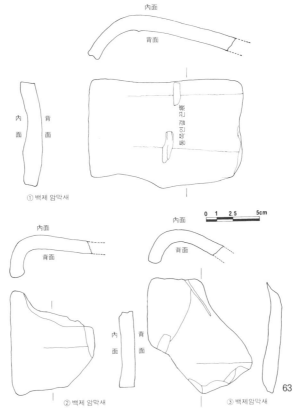

① 백제 암막새

② 백제 암막새

③ 백제암막새

0 1 2 5   5cm

도 61. 중국 운강석굴 제9굴 후실 남벽의 불전(남북조). 지붕 및 커텐 등이 채색되어 있다.

도 62. 경주 창림사지 출토 암막새 뒷면의 주칠(통일신라). 단청의 흔적을 엿볼 수 있다.

도 63. 부여 부소산성 출토 토기구연형 암막새(백제)

발견되기에 판단해 볼 수 있다. 편으로 남아 있어 암키와의 전체 형상을 파악하기 힘들지만 외면에서의 주칠은 암막새에서 살펴진 것과 동일하다. 다만, 지금까지 발견된 암막새와 암키와 중 주칠의 대부분은 전자에서 찾아지고 있다. 따라서 향후 암키와에 대한 관찰과 자연과학적 분석을 통해 주칠 유무에 대한 확인 작업이 반드시 수반되어야 할 것이다.

대통사 출토 암막새 등면의 주칠을 통해 연함의 단청은 지붕에 기와가 즙와된 이후 실시되었음을 알 수 있다. 만약 연함의 단청이 먼저 이루어지고, 후에 기와가 올려졌다면 암막새 등면에서의 주칠은 존재할 수 없기 때문이다. 이러한 기와에서 관찰되는 단청의 흔적은 통일신라기 경주 동궁과 월지를 비롯한 사천왕사지, 창림사지(도 62), 울산 영축사지 등의 암막새에서도 확인할 수 있어[62] 백제 건축문화의 신라 전파를 판단케 하고 있다.

한편, 백제 사비기 신라로의 제와술 전파는 앞에서 살핀 유단식 암막새 외에 토기구연형 암막새와 판단원형돌기식 수막새 등에서도 살필 수 있다. 토기구연형 암막새는 백제의 경우 부여 부소산성(도 63)[63]에서 검출된 바 있으며, 신라는 월성(도 64·65)에서 여러 점이 수습되었다. 그리고 부여 구아리유적(도 66) 및 용정리사지(도 67) 등에서 출토된 판단원형돌기식은 경주 월성(도 68)[64]을 비롯한 황룡사지(도 69)[65]와 육통리와요지(도 70),[66] 물천리 경마장부지(도 71),[67] 동궁과 월지 등에서 확인된 바 있다.[68] 또한 부여 정암리가마 및 군수리사지(도 72) 등에서 출토된 판단삼각돌기식은

62) 조원창, 2019a, 「공주 반죽동 추정 대통사지 발굴조사 내용과 성과」 『百濟文化』 제60집, 23쪽.
63) 扶餘文化財研究所, 1995, 『扶蘇山城 發掘調査中間報告』, 301쪽 도면 19.
64) 國立慶州博物館, 2000, 『新羅瓦塼』, 20쪽 사진 21.
65) 國立慶州博物館, 2000, 『新羅瓦塼』, 103쪽 사진 325.
66) 國立慶州博物館, 2000, 『新羅瓦塼』, 184쪽 사진 584.
67) 國立慶州博物館, 2000, 『新羅瓦塼』, 180쪽 사진 574.
68) 조원창, 2005, 「백제 와박사의 대신라·왜 파견과 제와술의 전파」 『한국상고사학보』 48호.

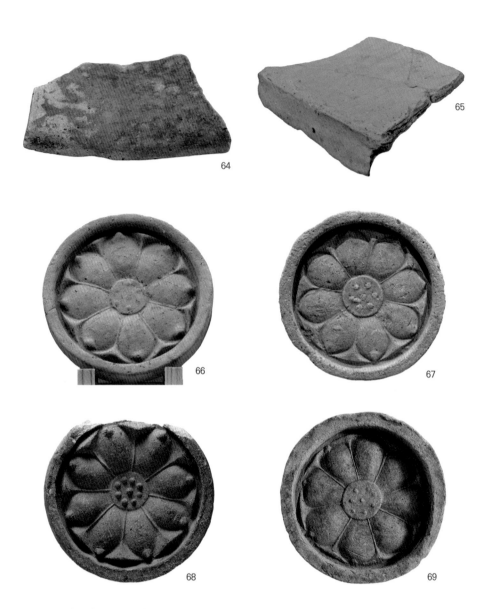

도 64. 경주 월성 출토 토기구연형 암막새 1(신라)
도 65. 경주 월성 출토 토기구연형 암막새 2(신라)
도 66. 부여 구아리유적 출토 판단원형기식 수막새(백제)
도 67. 부여 구아리유적 출토 판단원형기식 수막새(백제)
도 68. 경주 월성 출토 판단원형기식 수막새(신라)
도 69. 경주 황룡사지 출토 판단원형돌기식 수막새(신라)

도 70. 경주 안강읍 육통리와요지 출토 판단원형돌기식 수막새(신라)
도 71. 경주 물천리 경마장부지 와요지 출토 판단원형돌기식 수막새(신라)
도 72. 부여 군수리사지 출토 판단삼각돌기식 수막새(백제)
도 73. 경주 월성 출토 판단삼각돌기식 수막새(신라)

경주 월성(도 73)[69]에서 그 사례를 확인할 수 있다. 이처럼 신라에서 수습된 여러 기와
중 유단식 암막새와 판단원형돌기식 수막새는 그 계통이 공주 대통사에서 비롯되었
음을 파악할 수 있다.

조원창, 2010, 『한국 고대 와당과 제와술의 교류』, 서경문화사.
69) 國立慶州博物館, 2000, 『新羅瓦博』, 14쪽 사진 3.

대통사 불전 처마의 서까래는 평연이었을까 선자연이었을까?

처마는 구성 부재에 따라 홑처마와 겹처마로 나눌 수 있다. 겹처마는 홑처마에 비해 장엄적 성격이 좀 더 강했던 것으로 생각되는데 이는 현재 불국사의 대웅전이나 극락전, 혹은 회랑, 자하문, 안양문 등과의 처마 비교를 통해서도 쉽게 확인할 수 있다.

홑처마는 연목으로만 구성된 반면, 겹처마는 연목 위에 부연이 놓인 형태를 하고 있다. 그렇다면 백제 웅진기에 창건되었던 대통사는 과연 겹처마였을까? 아니면 홑처마였을까? 이에 대해선 현재 대통사와 관련된 과거의 도면이나 유구 등이 검출되지 않아 확실한 해답을 내놓을 수 없다. 다만 출토 유물을 통해 그 편린을 살필 수 있어 검토해 보고자 한다.

앞 장에서 살펴본 바와 같이 대통사 관련 폐와무지 및 대지조성토에서는 다양한 형식의 원형 연화문 연목와와 정방형의 귀면문 부연와[70]가 수습되었다. 연목와의 제 형식 중 자방에 연자가 없는 연목A형식이 웅진기 창건와로 파악되었고, 귀면이 장식된 정방형 부연와의 경우도 사비기의 부여 가탑리사지 및 금성산 출토품과 비교하여 웅진기 창건와로 분류되었다. 이러한 편년 설정에 무리가 없다면 백제 웅진기 대통사에는 원형의 연목과 정방형의 부연이 시설된 겹처마가 존재하였음을 추정해 볼 수 있다. 다만, 출토량 면에서 부연와가 한 점에 불과하기 때문에 많은 건물에 부연와가 사용되기는 어려웠을 것으로 판단된다. 그런 점에서 부연와가 장식된 대통사에서의 겹처마는 금당이나 목탑 정도에만 한정될 가능성이 적지 않다.

다음으로는 겹처마의 모서리에 설치된 연목이나 부연 등이 모두 선자연(扇子椽)[71]

---

70) 추정 대통사지 출토 귀면와는 연꽃 문양의 원형 연목와에 비해 출토량이 한 점에 불과할 정도로 현저히 적다. 만약 이것이 연목와로 사용되었다면 더 많은 귀면와가 수습되는 것이 합리적일 것이다. 그런 점에서 정방형의 귀면와는 부연와일 가능성이 높다고 생각된다.

71) 선자연의 경우는 중국 남북조시대에 조영된 석굴사원 내 목탑이나 부석사 무량수전에서와 같이 추녀나 사래를 중심으로 연목과 부연 등이 부채 살 모양으로 설치된 것을 말한다.

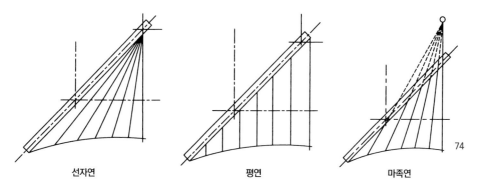

선자연   평연   마족연

도 74. 선자연, 평연, 마족연의 평면도

이나 마족연(馬足椽)[72]으로 제작되었을까, 아니면 평연(平椽, 이상 도 74)[73]으로도 만들어
졌을까? 하는 점이다. 이러한 궁금증은 백제 웅진기 대통사 뿐만 아니라 우리나라
고대 건축물을 복원하는데 있어 우선적으로 풀어야 할 논제라 생각된다. 따라서 여
기에서는 논의에 대한 해결책 보다는 앞으로의 연구 과제라는 측면에서 선자연과 평
연을 중심으로 간단히 서술해 보고자 한다.[74]

    연목이나 부연의 횡단면 형태, 그리고 선자연인지, 평연인지 하는 대명제 앞에 중
국 남북조~당대의 석굴사원과 석물, 백제 사비기의 부여 금성산 출토 청동소탑재 그
리고 일본 법륭사의 금당과 목탑 등은 다시금 주목해 보아야 할 중요 유적·유물이

---

72) 연목의 원구(元口) 부분을 대충 치목하여 추녀에 차례대로 결구한 것을 말한다. 원구 부분이
마치 말발굽처럼 생겼다 하여 마족연이라 부르고 있다.

73) 김왕직, 2012, 『알기쉬운 한국건축용어사전』, 동녘, 170쪽.
평연은 선자연과 달리 추녀나 사래 부근에 놓인 연목과 부연이 같은 방향이 아닌 평고대와
거의 직각을 이루며 설치되어 있다. 연목이나 부연의 원구 부분이 추녀나 사래에 결구되어
있어 선자연과 큰 차이를 보이고 있다.

74) 여기서 마족연을 제외한 것은 금번 비교 사례가 석굴사원의 방목조건축이기 때문에 건물의
내부를 살필 수가 없다는 사실에서 이다. 따라서 조각품만을 가지고 선자연인지 마족연인지
를 식별하기가 쉽지 않다. 마족연도 넓은 의미에서 선자연의 한 부류로 파악하여 선자연을
중심으로 기술하였다.

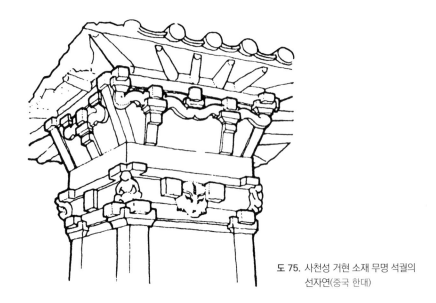

라 생각된다.

　먼저 중국 남북조~당대의 자료부터 살펴보고자 한다. 중국은 한대 이후 원형의 연목과 선자연이 널리 유행하였던 것으로 보인다. 이는 현재 사천성 등에 분포하고 있는 여러 석궐(도 75)[75]유적을 통해 확인할 수 있다. 석궐에 표현된 처마는 거의 대부분 홑처마로서 원형의 연목은 추녀 방향에 가까울수록 점차 길이가 길어지고 있다. 즉 중앙에 놓인 연목이 평연이라면 추녀 방향의 연목은 선자연으로서 추녀 방향과 나란하게 시설되어 있다.

　그런데 남북조시대의 석굴사원을 보면 선자연 외에 평연의 존재도 어렵지 않게 살필 수 있다. 즉 운강석굴(도 76~81)이나 용문석굴(도 82・83) 내의 불전 조각[76]을 보면

---

75) 劉敦楨 著・鄭沃根 外 共譯, 2004, 『중국고대건축사』, 135쪽 그림 52-1.

76) 云岡石窟文物保管所, 1991, 『中國石窟 云岡石窟』一, 文物出版社, 사진 53, 사진 72 중.
　　云岡石窟文物保管所, 1994, 『中國石窟 云岡石窟』二, 文物出版社, 사진 4 중, 사진 55, 사진 84, 사진 100 중.
　　龍門文物保管所・北京大學考古系, 1991, 『中國石窟 龍門石窟』一, 사진 137・138.

도 76. 중국 운강석굴 제6굴 중심 탑주의 홑처마와 평연(남북조)

도 77. 중국 운강석굴 제6굴 중심 탑주 남면 하층 불감 좌측의 홑처마와 평연(남북조)

도 78. 중국 운강석굴 제9굴 전실 북벽의 홑처마와 평연(남북조)

도 79. 중국 운강석굴 제10굴 전실 동벽의 홑처마와 평연(남북조)

도 80. 중국 운강석굴 제 11굴 서벽의 홑처마와 평연(남북조)

도 81. 중국 운강석굴 제12굴 전실 서벽의 홑처마와 평연(남북조)

도 82. 중국 용문석굴 고양동 서남우 상부의 홑처마와 평연(단면 방형 추정, 남북조)

도 83. 중국 용문석굴 고양동 서북우 상부의 홑처마와 평연(남북조)

도 84. 중국 서안 고조 건릉의 술성기비. 홑처마와 평연(방형 연목, 당)

도 85. 중국 서안 의덕태자묘 벽화. 겹처마와 평면(당)

도 86. 부여 금성산 출토 청동소탑재(백제)

도 87. 부여 금성산 출토 청동소탑재 처마 세부

팔작 혹은 우진각지붕[77]의 홑처마에 연목이 평연으로 시설되었음을 볼 수 있다. 그리고 연목의 횡단면은 원형 이외에 용문석굴 고양동 서남우 상부 건축물과 같이 방형인 것도 확인할 수 있다.

중국 남북조시대의 치목(방형 연목)과 가구(평연) 분위기는 唐代에도 큰 차이 없이 재현되고 있는데 당 고조 건릉의 술성기비(述聖紀碑, 도 84)[78]와 의덕태자묘(懿德太子墓, 도 85)의 전각도(벽화)는 좋은 사례가 될 수 있다. 전자는 홑처마에 연목의 횡단면이 방형을 띠고 있다. 그리고 추녀에 시설된 연목은 두 개로서 추녀 방향에 시설된 것일수록 짧게 제작되어 있다. 이는 전술한 한대 석궐의 선자연과 비교해 정 반대의 길이를 보이고 있으며, 추녀에 직접 시설한 것도 차이를 보이고 있다. 아울러 이러한 연목의 치목과 가구기법은 겹처마인 의덕태자묘 전각도에서도 동일하게 나타나고 있어 아마도 남북조시대의 건축기법이 唐代에 계승된 결과로 이해된다.

이상으로 중국 한대 및 남북조~당대의 건축물에 대해 간단히 살펴보았다. 다음으로는 백제시대의 건축물에 대해 알아보고자 한다. 주지하듯 백제시대의 목조건축물은 현재 남아 있는 것이 없다. 다만, 국립부여박물관에 백제 사비기에 제작된 것으로 보이는 청동소탑재가 전시되어 있어 이를 중심으로 처마 형식 및 연목에 대해 검토해 보도록 하겠다.

부여 금성산 수습 청동소탑재(도 86·87)[79]는 그동안 백제의 하앙식건축을 대표하는 유물로 많이 회자되어 왔다. 그러나 처마와 관련된 부분은 상대적으로 크게 주목받지 못했던 것이 작금의 현실이다. 이 소탑재의 경우 처마의 아랫부분이 생략되어

---

77) 남북조시대의 운강석굴이나 용문석굴, 돈황 막고굴 등의 전각 조각을 보면 팔작지붕보다 우진각지붕이 차지하는 수가 훨씬 많다.

78) 측천무후의 남편이었던 고종의 성덕을 기록한 비이다. 서안 건릉에 위치하고 있다.

79) 금성산에는 가탑리사지와 금성산 와적기단 건물지 등이 위치하고 있으며, 여타 백제 건축유적의 존재도 충분히 유추해 볼 수 있다. 따라서 이 유물의 정확한 출처는 현재로선 알기 어렵다. 국립부여박물관 전시관에서 볼 수 있다. 길이 13cm, 높이 5cm이다. 제원은 百濟文化開發研究院, 1992, 『百濟彫刻·工藝圖錄』, 118쪽 참조.

홑처마인지 아니면 겹처마인지 확인이 불가능하다. 따라서 여기에서는 처마의 형식보다는 평연인지 선자연(마족연)인지에 대해서만 검토해 보고자 한다.

청동소탑재는 정면에서 보면 전각부의 연목이 착시 현상에 의해 선자연으로 관찰되기도 하나 가까이서 보면 평연이었음을 확인할 수 있다. 이는 같은 방향에서 바라본 부석사 무량수전 선자연(도 88)과의 비교를 통해서도 가능하다. 즉 전각부에 가까운 부석사 무량수전 선자연의 경우 평고대를 기준으로 수직이 아닌 사래 방향으로 완전 기울어져 설치되었음을 볼 수 있다. 이는 바로 옆의 선자연인 경우도 설치 각도에서만 차이 날 뿐 역시 사래 방향으로 기울어져 있음을 살필 수 있다. 이러한 선자연의 각도로 보아 선자연 안쪽의 원구인 경우 부채살 모양으로 꼭지점이 맺혀졌음을 판단해 볼 수 있다.

반면, 청동소탑재의 경우는 전각부에 가까운 연목(혹은 부연)이 횡목과 거의 수직에 가깝게 결구되어 있음을 볼 수 있다. 이는 바로 인접한 연목(혹은 부연)의 경우도 마찬가지이어서 전술한 부석사 무량수전의 선자연 결구와 완전 차이나고 있음을 확인할 수 있다. 그리고 결정적으로는 사래(혹은 추녀)와 접해 별도의 연목(혹은 부연)이 시설되어 있다는 점이다. 이는 평고대 아래의 돌출된 부분(◡형)이 연목(혹은 부연)임을 볼 때 사래(혹은 추녀) 양쪽으로 별개의 연목(혹은 부연)이 설치되었음을 의미한다. 이처럼 사래(혹은 추녀)에 연목(혹은 부연)이 설치되는 경우는 선자연이나 마족연에서는 결코 살필 수 없는 평연에서만 확인할 수 있는 목조결구법이다. 이상의 사례로 볼 때 백제 사비기의 경우도 처마의 형식과 관계없이 평연이 존재하였음을 판단해 볼 수 있다.

이러한 건물 전각부에서의 평연은 일본 아스카(飛鳥)시대의 건축물인 법륭사 오층목탑(도 89)과 금당(도 90)[80]에서 좀 더 극명하게 확인할 수 있다. 이들은 모두 홑처마로서 연목의 신부(身部)와 말구(末口)는 정방형에 가깝게 치목되어 있다.[81] 이러한 치목

---

80) 이상 법륭사 사진은 장재윤 선생님 제공.

81) 평연, 방형의 연목이라는 점에서 부여 금성산 건물지와 법륭사 금당, 오층목탑의 연목은 친연성이 있다. 그러나 추녀와 연목의 결구에 있어 전자가 서로 떨어져 있는 반면, 후자의 것들

도 88. 영주 부석사 무량수전의 겹처마(고려). 연목과 부연이 추녀와 사래 방향으로 완전 기울어져 있다.

도 89. 일본 법륭사 오층목탑의 홑처마(飛鳥). 서까래가 평연이다.

도 90. 일본 법륭사 금당의 홑처마(飛鳥). 서까래가 평연이다.

과 가구는 나라시대 건축물인 법륭사 몽전(도 91)과 정창원, 그리고 평성궁적의 복원된 동 대극전(東 大極殿, 도 92)[82] 에서도 찾아볼 수 있다.

이상에서와 같이 일본의 고대 건축물은 횡단면이 방형인 연목과 평연으로 시설된 홑처마가 아스카(飛鳥)시대부터 등장하였음을 확인할 수 있다. 그리고 연목의 횡단면 형태와 처마의 형식에서 약간의 이질성이 찾아지지만 江戸시대[83]에도 평연이 존재하였음을 확인할 수 있다.

백제를 비롯한 고대의 중국과 일본 건축물들을 검토해 보면 연목이나 부연이 모두 선자연일 것이라는 생각은 하나의 편견임을 알 수 있다. 이러한 상황을 반영이라도 하듯 현재 백제의 고토에 복원된 공주 공산성 내 임류각(도 93)이나 부여 부소산성 내 삼충사(도 94), 그리고 백제문화단지의 오층목탑(도 95)과 금당(도 96) 등의 건축물을 보면 모두 선자연으로 만들어져 있다. 따라서 이것이 역사성을 반영한 고증의 결과인지 아니면 복원을 위한 관념의 산물인지에 대해선 향후 면밀한 검토가 뒤따라야 할 것으로 생각된다.

그런 점에서 전술한 부여 금성산 출토 청동소탑재와 통일신라시대의 백지묵서대방광불화엄경(白紙墨書大方廣佛華嚴經) 변상도(754~755년, 도 97),[84] 그리고 조선시대 해남 대흥사 승탑원의 탑비 옥개석(도 98) 등은 반드시 주목해 보아야 할 유물들이라 생각된다. 왜냐하면 이들 유물은 삼국시대 이후 조선시대에 이르기까지 우리나라 건축물에도 홑처마나 겹처마에 평연이 시설되었음을 보여주는 중요한 자료이기 때문이다.

결과적으로 웅진기 창건 대통사의 불전 처마는 과연 어떤 모습이었을까? 필자의 연목와와 부연와에 대한 편년관에 무리가 없다면 겹처마일 가능성이 높다고 생각된다.

은 추녀에 연목이 여러 개 결구되어 있어 차이를 보인다.

82) 奈良文化財研究所, 2004, 『平城宮跡資料館圖錄』, 11쪽.

83) 일본 동사 오층목탑(江戸, 1644년)에서 볼 수 있다.
   東寺宝物館, 1997, 『東寺の建造物 -古建築からのメッセージ-』, 19쪽.

84) 장헌덕, 2018, 「건축학적으로 살펴보는 치미」 『치미 하늘의 소리를 듣다』, 189쪽 사진 3.

도 91. 일본 법륭사 몽전의 겹처마(나라). 서까래가 평연이다.

도 92. 복원된 평성궁적의 東 대극전 홑처마. 서까래가 평연이다.

도 93. 공주 공산성 내 임류각 처마의 선자연

도 94. 부여 부소산성 내 삼충사 처마의 선자연

도 95. 부여 백제문화단지 내 능사 오층목탑 처마의 선자연

도 96. 부여 백제문화단지 내 능사 금당 처마의 선자연

도 97. 백지 묵서 대방광불화엄경 변상도(통일신라). 불전의 서까래가 평연이다.
도 98. 해남 대흥사 승탑원의 탑비 옥개석(조선). 서까래가 평연이다.

그리고 불전 모서리의 연목과 부연은 중국 남북조시대의 방목조건축물과 일본 사례 등을 검토해 볼 때 선자연보다는 평연으로 설치되었을 개연성이 적지 않다고 판단된다. 이에 대해선 향후 발굴조사를 통해 그 형적이 밝혀질 수 있을 것이라 생각된다.

나가는 말

최근 들어 대통사지로 추정된 공주시 반죽동 일원에 대한 발굴조사가 활발히 진행되고 있다. 아직까지 대통사와 관련된 금당지나 목탑지 등의 유구가 검출되지는 않았지만 대통사와 관련된 '대통(大通)'명 인각와나 '대통사(大通寺)'명 명문와 등이 수습되고 있어 해당 지역이 대통사와 관련된 지역임에는 부인할 수 없을 듯하다.

반죽동 일원에서는 소조상을 비롯한 토기, 전 등이 수습되고 있으나 압도적으로 많은 양을 차지하고 있는 것은 바로 기와이다. 암·수키와를 비롯한 암·수막새, 마루수막새, 연목와, 부연와 등은 백제 웅진기 당시 대통사가 얼마만큼 화려하고 장엄하였는지를 단적으로 보여주고 있다.

이에 본고는 대통사에서 검출된 여러 기와 중 귀접이 미구기와와 주칠이 된 암키와와 암막새, 그리고 연목와와 부연와 및 중국 남북조시대의 방목조건축(倣木造建築)

등을 통해 백제 웅진기 당시 대통사 불전의 지붕과 처마 형식을 시론적이나마 검토해 보았다.

대통사 불전은 출토 기와와 중국 및 일본 등의 건축물들과 비교해 볼 때 지붕은 맞배가 아닌 팔작이나 우진각지붕으로 추정된다. 여기에 527년이라는 시기성을 반영할 경우 중국은 운강석굴의 중기 단계가 끝나고 용문석굴의 고양동, 황보공굴, 연화동, 노동 등의 단계였음을 살필 수 있다. 운강 중기의 경우 우진각지붕이 주류를 이루고 있으며, 후자의 고양동과 노동에서는 팔작지붕이 이전에 비해 증가하고 있음을 확인할 수 있다. 이렇게 볼 때 중국은 5세기에서 6세기로 넘어가며 불전의 지붕 형식이 우진각 일변도에서 팔작지붕으로 점차 변화하고 있음을 살필 수 있다. 따라서 당시 남북조시대 건축물의 흐름을 고려해 볼 때 대통사 불전 지붕의 형식 또한 팔작지붕일 가능성이 충분하다고 생각된다. 그리고 암막새 외면의 주칠로 보아 기와는 연함에서 13~17cm 정도 내밀어 시설되었음을 파악할 수 있다. 아울러 이는 지붕 전체적으로 보아 2매 잇기로 즙와되었음을 판단케 하고 있다.

다음으로 건물 모서리의 연목이나 부연은 선자연도 가능하겠지만 6세기 전반이라는 는 시기성, 그리고 부여 금성산 출토 청동소탑재 등을 검토해 볼 때 평연이었을 가능성이 좀 더 높다고 생각된다. 이는 중국 북위시대 석굴사원에서 볼 수 있는 방목조건축(倣木造建築)과 일본 아스카(飛鳥)~나라(奈良)시대의 법륭사 오층목탑과 금당, 법륭사 몽전, 평성궁적 동 대극전 등을 통해서도 유추 가능하다.

대통사지와 관련된 발굴조사는 앞으로도 계속적으로 이루어질 것이다. 이에 따라 다양한 유물과 유구가 검출될 가능성이 높다. 발굴과 복원이라는 작업이 하나의 주체를 대상으로 한다는 점에서 앞으로 고고학과 건축학의 융합인 건축고고학의 역할을 기대해 본다.[85]

---

85) 이 글은 조원창, 2020, 「기와와 遺跡 事例로 본 百濟 熊津期 大通寺 佛殿 지붕과 처마의 形式 檢討」『文化史學』54호의 내용을 일부 정리한 것이다.

05
글을 마치고

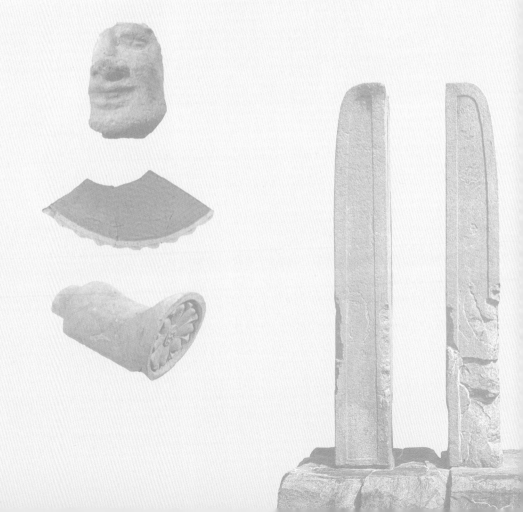

대통사는 527년 당시 왕경이었던 공주지역에 창건되었다. 현재 그 터는 발견되지 않았지만 대체로 반죽동, 봉황동, 금학동 일원에 위치할 것으로 추정되고 있다. 이 지역은 공주지역을 동서로 양분하는 제민천의 서쪽에 해당되고 있으며, 그 동안 석 불광배를 비롯한 반죽동석조, 백제 수막새, '대통'명 인각와 등이 수습된 바 있다.

최근 들어 반죽동 일원에서 출토되는 대통사 관련 유물은 기와가 대부분을 차지하고 있다. 이 중 마루수막새, 지두문 및 유단식 암막새, 부연와, 연목와, 치미 등은 당시 백제의 왕성이었던 공산성에서도 검출된 바 없어 대통사의 창건과 더불어 등장한 유물들로 파악되고 있다. 특히 나한상을 중심으로 한 소조상은 당시 대통사에 금 동불이나 석불 외에 소조상도 봉안되었음을 알려주는 중요 자료로 이해할 수 있다.

대통사는 백제 사비기의 능산리사원이나 왕흥사, 정림사 등과 비교해 볼 때 회랑을 갖춘 평지가람이었음을 알 수 있다. 그리고 석탑보다는 목탑이 조성되었을 가능성이 높다. 아울러 부처님과 불경을 모신 불계 외에 스님들이 거주하였던 승방도 별도 축조되었을 것으로 판단된다. 이는 능산리사지의 북쪽에서 대형의 승방지가 확인된 것이 좋은 사례가 될 수 있다. 이러한 대통사의 사역을 고려해 볼 때 대지조성은 결과적으로 제민천의 연약지반 개량과 밀접한 관련이 있었을 것으로 생각된다. 따라서 제민천과 인접한 곳에서 대통사지의 사역을 발견하고자 할 때는 연약지반 개량과 관련된 부엽공법이나 암거, 나무울타리형 토류목이나 토류석, 축대 등의 존재가 부분적이나마 반드시 확인되어야 할 것이다.

그 동안 대통사와 관련된 유물은 소규모의 학술발굴조사를 통해 발견되었다. 그렇기 때문에 발굴조사 또한 좁은 면적을 대상으로 하였다. 이는 앞에서 살핀 대통사의 사역과 관련시켜 볼 때 조사 면적의 한계를 엿볼 수 있다. 따라서 지금부터라도 점진적인 조사 면적의 확보가 무엇보다도 필요하다. 물론 현재 반죽동을 비롯한 봉황동, 금학동 일원에는 많은 주거가 입지하고 있다. 이것들을 동시에 이주할 수는 없겠지만 시간을 가지고 점진적으로 추진할 필요성이 있다. 그리고 이주할 때마다 발굴조사를 실시하는 것이 아닌 일정 면적이 확보된 다음 일시에 진행하는 것이 대통사 사역을 확인하는데 더 큰 도움이 될 수 있다.

이제 6년 뒤면 대통사 창건 1,500년이 된다. 지금까지 드러난 유물만 보더라도 대통사가 얼마나 장엄하고 화려하였는지를 충분히 알 수 있다. 백제의 왕궁을 흔히 '검이불루(검소하나 누추하지 않고) 화이불치(화려하나 사치스럽지 않다)'로 이해하고 있는데 이는 대통사의 유물과 비교해 볼 때 더할 나위 없는 적합한 용어라 생각된다. 이제 바야흐로 기단이나 초석과 같은 유구가 확인된다면 대통사의 모습은 한층 더 우리 곁에 다가오게 된다. 그 때까지 인내심을 가지고 학술적 연구 또한 쉼 없이 병행되기를 기대해 본다.

06
참고문헌

『三國遺事』『三國史記』『公州牧地圖』

嘉耕考古學研究所, 2019.05, 「공주 반죽동(204-1번지 일원) 제2종근린생활시설 신축부지
　　　　내 유적(국비) 발굴조사 약식보고서」
慶州大學校博物館, 2000, 「慶州 見谷 下邱里 共同住宅造成豫定敷地 內 埋藏文化財 試掘
　　　　調查 略報告書」『지표 · 시굴조사 종합보고서』
경희대학교 중앙박물관, 2005, 『고구려와당』
公州大學校博物館 · 忠淸南道 公州市, 2000, 『大通寺址』
공주대학교박물관, 2011.11, 「공주 대통사지 시굴(탐색)조사 약보고서」
龜田修一, 1981, 「百濟古瓦考」『百濟研究』 제12집
國立慶州文化財研究所 · 慶州市, 2008, 『慶州 九黃洞 皇龍寺址展示館 建立敷地內 遺蹟(九
　　　　黃洞 苑池 遺蹟)』
국립경주문화재연구소, 2013, 『四天王寺 回廊內廓 발굴조사보고서』 II
국립경주문화재연구소 · 경주시, 2015, 『芬皇寺 發掘調查報告書』 II〔2〕
國立慶州博物館, 2000, 『新羅瓦塼』
국립공주박물관, 1999, 『艇止山』
扶餘文化財研究所 · 忠淸南道, 1993, 『扶餘 舊衙里 百濟遺蹟 發掘調查報告書』
扶餘文化財研究所, 1995, 『扶蘇山城 發掘調查中間報告』
　　　　　　　　　　, 1996, 『彌勒寺 遺蹟發掘調查報告書(圖版編)』 II
　　　　　　　　　　, 2006, 『王宮里 發掘中間報告』 V
　　　　　　　　　　, 2008, 『王宮里』 VI
　　　　　　　　　　, 2009, 『扶餘 官北里百濟遺蹟 發掘報告』 III

_____, 2010,『扶餘軍守里寺址 -木塔址·金堂址 發掘調査報告書-』I

_____, 2010,『王宮里 發掘中間報告』VII

_____, 2010,『백제 사비기 기와 연구』II

_____, 2011,『백제 사비기 기와연구』III

_____, 2011,『扶餘 定林寺址』

_____, 2012,『王興寺址』IV

_____, 2012,『백제 사비기 기와연구』IV

_____, 2013,『백제 사비기 기와연구』V

_____, 2014,『백제 사비기 기와연구』VI

_____, 2014,『王興寺址 기와가마 발굴조사 보고』V

_____, 2016,『王興寺址』VII

_____, 2016,『익산 미륵사지 평기와 연구』

_____, 외, 2018,『치미 하늘의 소리를 듣다』

_____, 2019,『帝釋寺址-제석사지 폐기유적- 발굴조사보고서』III

國立扶餘博物館, 1988,『扶餘亭岩里가마터(I)』

_____, 1998,『중국낙양문물명품전』

_____·扶餘郡, 2000,『陵寺-圖面·圖版-』

_____, 2007,『陵寺 부여 능산리사지 6~8차 발굴조사보고서』

_____, 2010,『百濟瓦塼』

_____, 2017,『扶餘扶蘇山寺址』

國立博物館, 1969,『金剛寺』

國立中央博物館·國立扶餘博物館, 2008,『청양 왕진리 가마터』

國立昌原文化財研究所, 2003,『中國의 石窟 雲岡·龍門·天龍山石窟』

金善基, 2012,『益山 金馬渚의 百濟文化』, 서경문화사

_____, 2012,「백제시대 암막새 형식과 전개」『文物研究』22권

金誠龜, 1992,「百濟의 瓦塼」『百濟의 彫刻과 美術』

김왕직, 2012,『알기쉬운 한국건축용어사전』, 동녘

누리고고학연구소, 2020.05,「공주 시청-사대부고 도시계획도로 확포장사업부지 내 유적 발굴조사(2차) 4차 학술자문회의 자료집」

동국대학교박물관, 2006, 『동국대학교 건학 100주년기념 소장품도록』

文物出版社, 1991, 『中國石窟 龍門石窟』 一

_____, 1994, 『中國石窟 云岡石窟』 二

_____, 1998, 『中國石窟 天水麥蹟山』

朴容塡, 1970, 「公州出土의 百濟瓦當에 關한 研究」 『百濟研究』 제1집

_____, 1976, 「百濟瓦當의 體系的 分類 -수막새기와를 中心으로-」 『百濟文化』 제9집

_____, 1978, 「百濟瓦當의 體系的分類」 『百濟文化と飛鳥文化』, 吉川弘文館

_____, 1983, 「百濟瓦當의 類型研究 -수막새기와를 中心으로-」 『百濟瓦塼圖錄』, 百濟文化開發研究院

_____ · 泊勝美譯, 1978, 「百濟瓦當の體系的分類」 『百濟文化と飛鳥文化』, 吉川弘文館

박원지, 2011, 「왕흥사 출토 수막새의 제작기술과 계통」 『백제 사비기 기와 연구』 Ⅲ

박현숙, 2012, 「百濟 熊津時期의 정국과 大通寺 창건」 『공주 대통사지와 백제』

百濟文化開發研究院, 1983, 『百濟瓦塼圖錄』

_____, 1992, 『百濟彫刻 · 工藝圖錄』

부여군문화재보존센타, 2012, 『부여 구아리 319 부여중앙성결교회 유적』

소재윤, 2013, 「풍납토성 평기와의 제작공정에 따른 제작기법 특징과 변화」 『야외고고학』 제18호

송현정, 2000, 「백제 수막새의 편년과 변천에 관한 연구」, 공주대학교 대학원 석사학위논문

신은희, 2019, 「중국 진 · 한 와당의 제작기법」 『중국 진한 와당』, 유금와당박물관

신창수, 1987, 「皇龍寺址 出土 新羅기와의 編年」, 단국대학교 석사학위논문

심상육, 2005, 「백제 암막새의 출현과정에 관한 검토」 『문화재』 38호

유금와당박물관, 2010, 『중국육조와당』

_____, 2011, 『중국위진북조와당』

_____, 2013, 『中國瓦當 : 揚州 · 靑州 出土』

_____, 2017, 『중국와당 : 제 · 연』

_____, 2019, 「중국 진 · 한 와당의 제작기법」 『중국 진한 와당』

李南奭, 1988, 「百濟 蓮花文瓦當의 一研究 -公山城 王宮址出土品을 中心으로-」 『古文化』 32집

이병호, 2013, 「경주 출토 백제계 기와 제작기술의 도입과정 -傳 흥륜사지 출토품을 중심으로-」 『한국고대사연구』 69

_____, 2018, 「공주 지역 백제 수막새의 특징과 계통」 『百濟文化』 제58집

_____, 2019, 「공주 반죽동 출토자료로 본 백제 대통사의 위상」 『百濟文化』 제60집

이선희, 2009, 「月城垓子 출토 古式수막새의 제작기법과 편년연구」 『韓國考古學報』 제70집

李裕群, 2003, 「중국북조시기의 석굴사원 종합고찰」 『中國의 石窟 雲岡 · 龍門, 天龍山石窟』

이찬희, 2020, 『대통사지 추정지 2차 발굴조사 지두문암막새 비파괴 분석 용역 -연구보고서-』

이한상, 1999, 「艇止山 出土 土器 및 瓦의 檢討」 『艇止山』

이희준, 2013, 「백제 수막새기와의 속성 분석 -공주지역 출토품을 중심으로-」, 공주대학교 대학원 석사학위논문

장헌덕, 2018, 「건축학적으로 살펴보는 치미」 『치미 하늘의 소리를 듣다』

鄭治泳, 2007, 「漢城期 百濟 기와 제작기술의 展開樣相」 『韓國考古學報』 제63집

_____, 2019.02.22, 「백제 제와술의 발달에 따른 건축의 지붕 의장 연구」 『백제시대 건물지 지상구조 고증을 위한 학술포럼』

조경철, 2018, 「공주 대통사와 동아시아 불교」 『百濟文化』 제58집

趙成允, 2001, 「古新羅 有段式기와에 대하여」 『古文化』 제57집

趙源昌, 2000, 「熊津遷都後 百濟瓦當의 變遷과 飛鳥寺 創建瓦에 대한 檢討」 『嶺南考古學』 27

_____, 2003, 「百濟 熊津期 扶餘 龍井里 下層 寺院의 性格」 『韓國上古史學報』 42

_____, 2004, 「法泉里 4號墳 出土 靑銅蓋 蓮花突帶文의 意味」 『百濟文化』 33

_____, 2006, 「皇龍寺 重建期 瓦當으로 본 新羅의 對南朝 交涉」 『韓國上古史學報』 52

_____, 2008, 「연화문으로 본 고령 고아동 대가야 벽화고분의 추가장 시기 검토」 『百濟文化』 39

_____, 2008, 「몽촌토성 출토 전 백제와당의 제작주체 검토」 『先史와 古代』 29

_____, 2011, 「부여 금강사지 출토 자방 이형문 백제와당의 편년과 계통」 『충청학과 충청문화』 12

_____, 2015, 「연화문으로 본 능산리 동하총의 편년」 『百濟文化』 53

_____, 2019, 「공주 반죽동 추정 대통사지 발굴조사 내용과 성과」 『百濟文化』 60

_____, 2019, 「백제 웅진기 대통사 창건 수막새의 형식과 계통」 『白山學報』 第115號

_____, 2020, 「공주 대통사 백제 수막새의 접합기법과 제와술 검토」 『지방사와 지방문화』 제23권 1호

_____, 2020, 「기와와 遺跡 事例로 본 百濟 熊津期 大通寺 佛殿 지붕과 처마의 形式 檢討」 『文化史學』 54호

조윤재, 2008, 「公州 宋山里6號墳 銘文塼 판독에 대한 管見」 『湖西考古學』 19

_____, 2019, 「중국 남조 와전문화관련 고고자료의 고찰」 『백제시대 건물지 지상구조 고증을 위한 학술포럼』, 공주시·공주대학교박물관

淸水昭博, 2003, 「百濟「大通寺式」수막새의 성립과 전개 -中國 南朝系 造瓦技術의 전파-」 『百濟研究』 38

최맹식, 2004, 「三國 암막새의 始原에 관한 小考」 『文化史學』 제21호

최영희, 2010, 「新羅 古式수막새의 製作技法과 系統」 『韓國上古史學報』 제70호

_____, 2016, 「益山 彌勒寺址 평기와의 製作과 使用 -百濟~統一新羅時代의 양상을 중심으로-」 『익산 미륵사지 평기와 연구』, 국립부여문화재연구소

최은영, 2010, 「백제 웅진시대 연화문와당에 대한 일고찰」, 공주대학교 대학원 석사학위논문

忠南大學校博物館·忠淸南道, 1999, 『扶餘官北里 百濟遺蹟 發掘報告』(II)

_____·부여군, 2013, 『부여 동남리유적』

충청남도역사문화연구원, 2019.09, 「공주 대통사지 추정지(3지역) 학술발굴조사 중간 자문회의 자료집」

_____, 2020.06, 「대통사지 정비·복원을 위한 학술 발굴조사 공주 반죽동(221-1번지) 대통사지 추정지」

賀云翶, 2004, 「南朝時代 建康地域 蓮花紋 瓦當의 變遷 과정 및 관련 문제의 研究」 『漢城期 百濟의 물류시스템과 對外交涉』

_____, 2005, 『六朝瓦當与六朝都城』

한국문화재재단, 2019.10, 「현장공개설명회 자료집〔공주 반죽동 205-1번지 유적〕」

_____, 2020.6, 「소규모 국비지원 발굴조사 학술자문회의 자료집〔공주 반죽동 329-1번지 유적〕」

한국전통문화학교 고고학연구소·부여군, 2010, 『扶餘 陵山里寺址 제9차 발굴 조사 보고서』

한얼문화유산연구원, 2018.06, 「공주 반죽동 197-4번지 한옥신축부지 내 유적 소규모 국비지원 발굴조사 약식보고서」

현승욱, 2019, 「중국 남북조 및 수당시기 고대 건축 형태에 관한 사례연구」 『백제시대 건물지 지상구조 고증을 위한 학술포럼』

戶田有二, 2001, 「百濟の鐙瓦製作技法について〔Ⅰ〕」 『百濟文化』 제30집

_____, 2004, 「百濟의 수막새기와 제작기법에 대하여(Ⅱ) -熊津·泗沘時代의 公山城技法·西穴寺技法·千房技法 수막새기와-」 『百濟研究』 제40집

_____, 2007, 「百濟の鐙瓦製作技法について〔Ⅳ〕 -輕部慈恩氏寄贈瓦に見る西穴寺技法の再考と新元寺技法-」 『百濟文化』 제37집

輕部慈恩, 1946, 『百濟美術』, 寶雲舍

郭建邦, 1999, 「北魏寧懋石室和墓志」 『古建築石刻文集』, 中國大百科全書出版社

郭灿江 외, 2009, 『河南博物院』

今井晃樹, 2018, 「동아시아에 있어서 치미의 보편성과 다양성」 『치미 하늘의 소리를 듣다』, 국립부여문화재연구소 외

吉林省文物考古研究所·集安市博物館, 2004, 『集安高句麗王陵』

_____, 2004, 『丸都山城』

奈良文化財研究所, 2004, 『平城宮跡資料館圖錄』

南京市博物館, 2004, 『六朝風采』, 文物出版社

東寺宝物館, 1997, 『東寺の建造物-古建築からのメッセージ-』

馬世長, 1991, 「龍門皇甫公窟」 『中國石窟 龍門石窟』 一, 文物出版社

蕭黙, 1989, 『敦煌建築研究』, 文物出版社

王志高, 2011, 「六朝建康城遺址出土陶瓦的觀察与研究」 『한국기와학회 제8회 정기학술대회』

龍門文物保管所·北京大學考古系, 1991, 『中國石窟 龍門石窟』 一, 文物出版社

_____, 1992, 『中國石窟 龍門石窟』 二, 文物出版社

云岡石窟文物保管所, 1991, 『中國石窟 云岡石窟』 一, 文物出版社

_____, 1994,『中國石窟 云岡石窟』二, 文物出版社

劉敦楨, 1992,『劉敦楨文集』四

劉敦楨 著 · 鄭沃根 외 共譯, 2004,『중국고대건축사』

李文生, 1991,「龍門石窟北朝主要洞窟總叙」『中國石窟 龍門石窟』一

張家泰, 1999,「隋代建築若干問題初探」『古建築石刻文集』, 中國大百科全書出版社

井內古文化硏究室, 1976,『朝鮮瓦塼圖譜Ⅱ 高句麗』

鄭岩, 2002,『魏晉南北朝壁畵墓硏究』

震旦藝術博物館, 1992,『佛教文物選粹』1

淺野淸, 昭和34年,「法隆寺夢殿復原考」『佛教藝術』4

河南博物院, 2009,『河南博物院』

河南省文物硏究所, 1989,『中國石窟 鞏縣石窟寺』, 文物出版社

• 조원창

공주사범대학 역사교육과 졸업
공주대학교 대학원 사학과 졸업(문학석사)
상명대학교 대학원 사학과 졸업(문학박사)
현 한얼문화유산연구원 원장

주요 논저
『백제 건축기술의 대일전파』,『한국 고대 와당과 제와술의 교류』,『백제의 토목 건축』,
『기와건물지의 조사와 해석』,『백제사지 연구』,
『역사고고학자와 함께 찾아가는 스토리가 있는 사찰, 문화재 1 · 2』,
『백제 사원유적 탐색』,『수수께끼의 대통사를 찾아서』,『고려사지와 건축고고』,
『건축유적의 발굴과 해석』,『황룡사 터잡고 꽃을 피우다』
「황룡사지 출토 대형 치미의 편년과 사용처 검토」,「백제 사비기 목탑 축조기술의 대외전파」,
「백제 정림사지 석탑 하부 축기부 판축토의 성격」,「백제 판단첨형 연화문의 형식과 편년」,
「고고 · 문헌자료로 본 황룡사 필공의 의미와 창건가람의 존재」,
「연화문으로 본 능산리 동하총의 편년」,
「기와와 유적 사례로 본 백제 웅진기 대통사 불전 지붕과 처마의 형식 검토」 등

성왕, 공주에 대통사를 세우다

초판발행일 2021년 11월 05일
지 은 이 조원창
발 행 인 김선경
책 임 편 집 김소라
발 행 처 서경문화사
주 소 서울시 종로구 이화장길 70-14(204호)
전 화 743-8203, 8205 / 팩스 : 743-8210
메 일 sk8203@chol.com
신 고 번 호 제1994-000041호
ISBN 978-89-6062-236-4 03910
ⓒ 조원창 · 서경문화사, 2021